使いやすい！教えやすい！家庭学習に最適の問題集！

岡山大学教育学部附属小学校

2023年度版 過去問題集

<問題集の効果的な使い方>

①お子さまの学習を始める前に、まずは保護者の方が「入試問題」の傾向や難しさを確認・把握します。その際、すべての「学習のポイント」にも目を通しましょう。

②入試に必要なさまざまな分野学習を先に行い、基礎学力を養ってください。

③学力の定着が窺えたら「過去問題」にチャレンジ！

④お子さまの得意・苦手が分かったら、さらに分野学習をすすめレベルアップを図りましょう！

必ずおさえたい問題集

岡山大学教育学部附属小学校

お話の記憶	1話5分の読み聞かせお話集①②
推理	Jr・ウォッチャー6「系列」
口頭試問	新口頭試問・個別テスト問題集
言語	Jr・ウォッチャー18「いろいろな言葉」
常識	Jr・ウォッチャー27「理科」

JN126427

全40問

昨年度実施の過去問題＋それ以前の特徴的な問題を収録!!

●資料提供●

地球ランド

ISBN978-4-7761-5461-7

C6037 ¥2500E

9784776154617

1926037025009

定価　本体2,500円＋税

日本学習図書（ニチガク）

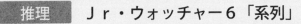

ニチガクの家庭学習支援

Web学習サポートサービス

こんなこと…ありませんか？

「ニチガクの問題集…買ったはいいけど、、、

この問題の教え方がわからない（汗）」

メールでお悩み解決します！

- ☆ ホームページ内の専用フォームで必要事項を入力！
- ☆ 教え方に困っているニチガクの問題を教えてください！
- ☆ 確認終了後、具体的な指導方法をメールでご返信！
- ☆ 全国どこでも！ スマホでも！ ぜひご活用ください！

<質問回答例>

学習のポイント

推理分野の学習では、後の学習に活きる思考力を養うことができます。ご家庭で指導する場合にも、テクニックにたよらず、保護者の方が先に基本的な考え方を理解した上で、お子さまによく考えさせることを大切にして指導してください。

Q.「お子さまによく考えさせることを大切にして指導してください」と学習のポイントにありますが、考える習慣をつけさせるためには、具体的にどのようにしたらいいですか？

A. お子さまが考える時間を持てるように、質問の仕方と、タイミングに工夫をしてみてください。
たとえば、「答えはあっているけど、どうやってその答えを見つけたの」「答えは○○なんだけど、どうしてだと思う？」という感じです。はじめのうちは、「必ず30秒考えてから手を動かす」などのルールを決める方法もおすすめです。

まずは、ホームページへアクセスしてください!!

http://www.nichigaku.jp　日本学習図書　検索

目指せ！合格！

家庭学習ガイド
岡山大学教育学部附属小学校

口頭試問　行動観察　運動

入試情報

出題形態：ノンペーパー

面　　接：なし

出題領域：ノンペーパーテスト（数量・図形・推理・言語・記憶・常識）、運動テスト、行動観察

受験にあたって

2022年度の入学試験は、例年同様に、ノンペーパーテスト、運動テスト、行動観察が実施されました。

当校の入試は、口頭試問形式で図形、推理、言語、常識など各分野の問題が出題されています。難易度は高くありませんが、答える際の態度、解答までのプロセスも含めて観察されます。ふだんから、お子さまとの会話の時間を作り、コミュニケーションを取りながら、知的好奇心を育みながら知識を身に付けていきましょう。

口頭試問形式では、言葉遣いにも注意が必要です。ふだんの生活が影響しますので、年齢相応の言葉遣いができるよう、お子さまだけではなく、保護者も意識しておくことが必要です。

運動テスト、行動観察でも、基本的な課題が出題されています。難しいものではありませんが、課題の達成度だけでなく、指示の聞き取り、積極性、社会性、参加意欲、待機姿勢なども観点となります。集中し、積極的に取り組むよう指導してください。

ここ数年はほぼ同じ内容の出題が続いていますから、対策は過去問題集の学習を中心に据えてください。

岡山大学教育学部附属小学校
過去問題集

〈はじめに〉

現在、少子化が叫ばれているにもかかわらず、国立小学校には一定の応募者数があります。このような状況では、ただやみくもに練習をするだけでは合格は見えてきません。志望校の過去における出題傾向を研究・把握した上で、練習を進めていくこと、その上で試験までに志願者の不得意分野を克服していくことが必須条件です。そこで、本問題集は小学校を受験される方々に、志望校の出題傾向をより詳しく知っていただくために、過去に遡り、出題頻度の高い問題を結集いたしました。最新のデータを含む精選された過去問題集で実力をお付けください。

〈本書ご使用方法〉

◆出題者は出題前に一度問題を通読し、出題内容などを把握した上で、〈 準 備 〉の欄に表記してあるものを用意してから始めてください。
◆お子さまに絵の頁を渡し、出題者が問題文を読む形式で出題してください。ただし、問題文を読んだ後で、絵の頁を渡す問題もありますので注意してください。
◆「分野」は、問題の分野を表しています。弊社の問題集の分野に対応していますので、復習の際の目安にお役立てください。
◆一部の描画や工作、常識等の問題については、解答が省略されているものがあります。お子さまの答えが成り立つか、出題者が各自でご判断ください。
◆〈 時 間 〉につきましては、目安とお考えください。
◆【おすすめ問題集】は各問題の基礎力養成や実力アップにご使用ください。

〈本書ご使用にあたっての注意点〉

◆文中に この問題の絵は縦に使用してください。 と記載してある問題の絵は縦にしてお使いください。
◆〈 準 備 〉の欄で、クレヨンと表記してある場合は12色程度のものを、画用紙と表記してある場合は白い画用紙をご用意ください。
◆文中に この問題の絵はありません。 と記載してある問題には絵の頁がありませんので、ご注意ください。なお、問題の絵の右上にある番号が連番でなくても、中央下の頁番号が連番の場合は落丁ではありません。
下記一覧表の●が付いている問題は絵がありません。

問題1	問題2	問題3	問題4	問題5	問題6	問題7	問題8	問題9	問題10
		●					●	●	●
問題11	問題12	問題13	問題14	問題15	問題16	問題17	問題18	問題19	問題20
●						●	●		
問題21	問題22	問題23	問題24	問題25	問題26	問題27	問題28	問題29	問題30
			●			●	●		●
問題31	問題32	問題33	問題34	問題35	問題36	問題37	問題38	問題39	問題40
●									

〈岡山大学教育学部附属小学校〉

◎学習効果を上げるため、前掲の「家庭学習ガイド」及び「合格のためのアドバイス」をお読みになり、各校が実施する入試の出題傾向をよく把握した上で問題に取り組んでください。
※冒頭の「本書ご使用方法」「ご使用にあたっての注意点」も併せてご覧ください。

2022年度の最新問題

問題1　分野：お話の記憶

〈準備〉　なし

〈問題〉　これからお話をします。よく聞いて、後の質問に答えてください。

今日は土曜日です。いちろうくんは、お友だちと公園で遊ぶ約束をしています。朝ごはんを食べた後、いちろうくんは縄跳びの縄を持って公園に行きました。公園ではお友だちが待っていました。さっそく、いちろうくんはお友だちといっしょに遊び始めました。まず最初に、砂場ですもうを取りました。いちろうくんは体が大きいので、すもうにどんどん勝って１番になりました。次に、お友だちが持ってきたボールを使ってみんなでボール遊びをしました。自分が持ってきたボールを使って、みんなが楽しそうに遊んでいる様子を見て、お友だちはニコニコしていました。最後に、いちろうくんが持ってきた縄跳びの縄を使って、縄跳びをしました。いちろうくんはうまく跳べず、何度も縄に引っかかってしまいます。ですが、お友だちが跳ぶコツを教えてくれたので、はじめよりも上手く跳べるようになりました。

（問題１の絵を見せる）
いちろうくんが遊んだものを順番に、絵を指でさしてください。

〈時間〉　10秒

問題2　分野：言語（お話づくり）

〈準備〉　なし

〈問題〉　（問題２の絵を10秒間見せる。）
何が描かれていましたか。お話してください。

〈時間〉　30秒

問題3　分野：数量（数を分ける）

〈準備〉　立方体の積み木15個、箱２個（赤い箱と青い箱）
積み木を青い箱に５個、赤い箱に10個入れておく。

〈問題〉　**この問題の絵はありません。**
青い箱の積み木が10個になるように、赤い箱から移してください。

〈時間〉　30秒

問題4　分野：推理（系列）

〈準備〉　あらかじめ、問題４－２の絵を線に沿って切り取っておく。

〈問題〉　（問題４－１の絵を見せ、準備した問題４－２のカードを渡す）
四角の中にはどのカードが入りますか。当てはまるものを置いてください。

〈時間〉　30秒

問題5　分野：図形（四方からの観察）

〈準備〉　なし

〈問題〉　**この問題の絵は縦に使用してください。**
男の子が、雪だるまを後ろから見ています。男の子にはどのように見えているでしょうか。その絵を指でさしてください。

〈時間〉　20秒

問題6　分野：図形（模倣・積み木）

〈準備〉　立方体の積み木20個（見本用：10個、志願者用：10個）
あらかじめ、問題６の絵を見て、見本用の積み木を同じように積んでおく。

〈問題〉　**この問題は絵を参考にしてください。**
お手本通りに積み木を積んでください。

〈時間〉　１分

問題7　分野：常識（生活）

〈準備〉　なし

〈問題〉　（問題７の絵を見せる）今から指でさすものの名前を答えてください。
（絵を指さして答えさせる）

〈時間〉　20秒

問題8　分野：運動・行動観察

〈準備〉　平均台（代用の例、床に間隔を10㎝開けて両端にテープを貼る）

〈問題〉　この問題の絵はありません。
私がお手本を示しますので、同じようにやってください。
・準備体操をしましょう。
・手をぶらぶらさせましょう。
・膝の屈伸をします。
・その場で駆け足をしましょう。
・腕回しをしましょう。
・後ろに３回回す→前に３回回しましょう。
・ケンパをしましょう。
・足じゃんけんをしましょう。
・平均台を渡りましょう。
・（２人１組になって）かけっこをしましょう。

〈時間〉　適宜

問題9　分野：行動観察

〈準備〉　あやとりができるように毛糸のひもで輪を作っておく。

〈問題〉　この問題の絵はありません。
・このひもであやとりをします。私が山をつくりますので、同じように真似をしてつくってください。
・私の真似をしてください。最初は右手がチョキ、左手はグー、次に右手がパー、左手はチョキ、最後は右手がグー、左手はパーです。

〈時間〉　適宜

問題10　分野：行動観察

〈準備〉　人数分より１脚少ない数の椅子を、内側を向けて円形状に置く。

〈問題〉　この問題の絵はありません。
今からフルーツバスケットをしましょう。

〈時間〉　適宜

問題11　分野：行動観察

〈準備〉　同数の人数で２組に分かれて、縦１列に並んで行う。

〈問題〉　この問題の絵はありません。
今からじゃんけんゲームをします。それぞれの組で、先頭の二人が向かい合うように並んでください。先頭の二人でじゃんけんを行い、勝った人はそのままで、負けた人は自分の組の１番後ろに並びます。これを繰り返してください。

〈時間〉　適宜

2021年度以前の問題

問題12　分野：図形（模倣・積み木）

〈準備〉　立方体の積み木９個

〈問題〉　**この問題は絵を参考にしてください。**
お手本通りに積み木を積んでください。

〈時間〉　１分

［2021年度出題］

問題13　分野：数量（数を分ける）

〈準備〉　立方体の積み木12個、箱２個（ピンクと青）
あらかじめ、問題13のイラストを真ん中の線で２つに切り分け、青い箱に男の子の絵を、ピンクの箱に女の子の絵を貼り付けておく。
また、ピンクの箱には積み木を８個、青い箱には積み木を４個入れておく。

〈問題〉　男の子の箱と女の子の箱があります。男の子の積み木が９個になるように、女の子の箱から積み木を移してください。

〈時間〉　20秒

［2021年度出題］

問題14　分野：推理（系列）

〈準備〉　あらかじめ、問題14-２の絵を線に沿って切り取っておく。

〈問題〉　（問題14-１の絵を見せ、準備した問題14-２のカードを渡す）
四角の中にはどのカードが入りますか。当てはまるものを置いてください。

〈時間〉　20秒

［2021年度出題］

問題15　分野：言語（お話作り）

〈準備〉　なし

〈問題〉　（問題15の絵を見せる）
何が描かれていましたか。お話してください。

〈時間〉　適宜

［2021年度出題］

問題16　分野：常識（生活）

〈準備〉　なし

〈問題〉　（問題16の絵を見せる）今から指でさすものの名前を答えてください。
（絵を指さして答えさせる）

〈時間〉　適宜

［2021年度出題］

問題17　分野：運動

〈準備〉　ビニールテープ、平均台、旗
（平均台代用の例、床に間隔を10㎝開けて両端にテープを貼る）

〈問題〉　**この問題の絵はありません。**
（10人程度のチームで行う。それぞれの運動ごとに出題者がお手本を見せる）
①準備体操をしましょう。手を何回かグーパーした後、力を抜いて手をブルブルと振り、膝を曲げて屈伸してください。その後、その場で駆け足してください。
②（床にビニールテープを貼り、スタートとゴールにする）
ケンパーでスタートからゴールまで進みましょう。私が声をかけますので、「ケン」と言ったら片足で前に跳んで、「パー」と言ったら両足開きで前に跳んでください。
（出題者が指示を出し、ゴールに着くまで続ける）
③平均台を端から端まで歩いて渡ってください。
④（あらかじめ２人１組にグループを分けておく）
２人１組でかけっこをします。赤い旗を上げたら、向こうの赤い線まで競走してください。
⑤足ジャンケンをしましょう。足を閉じたらグー、横に開いたらパー、前後に開いたらチョキです。私の言うとおりに足を動かしてください。グー、チョキ、パー。チョキ、グー、パー。

〈時間〉　適宜

［2021年度出題］

家庭学習のコツ①　「先輩ママのアドバイス」を読みましょう！

本書冒頭の「先輩ママのアドバイス」には、実際に試験を経験された方の貴重なお話が掲載されています。対策学習への取り組み方だけでなく、試験場の雰囲気や会場での過ごし方、お子さまの健康管理、家庭学習の方法など、さまざまなことがらについてのアドバイスもあります。先輩ママの体験談、アドバイスに学び、ステップアップを図りましょう！

問題18　分野：行動観察

〈準備〉　カード（トランプ、カルタなど、どんなカードでもよい）

〈問題〉　**この問題の絵はありません。**

（３～４人のグループで行う。各々にカードを４枚ずつ配ってから始める）
これからじゃんけんゲームをします。
①周りにいるお友だちと２人組を作ってください。
②お友だちと「こんにちは」とあいさつをしてください。
③ジャンケンをして、勝った人は負けた人からカードを１枚もらってください。
④カードが全部なくなった人は、先生のところへ行って新しいカードをもらってください。
⑤先生が「やめてください」と言うまで周りのお友だちとどんどんジャンケンを続けてください。終わったら、自分の持っているカードの数をかぞえてみましょう。

〈時間〉　適宜

［2021年度出題］

問題19　分野：行動観察

〈準備〉　ゼッケン（赤、緑、青、黄）またはそれに代わるもの
ビニールテープ（12色程度）

〈問題〉　**この問題は絵を参考にしてください。**

（20人程度のグループで行う）
（あらかじめ、床にビニールテープで絵のように四角を作っておく）
ゼッケンの色を使って、みんなでフルーツバスケットをして遊びましょう。これから私（出題者）が色を言ったら、その色の人は次に言う色の四角の中で座ってください。例えば、「赤の人は青へ」と言ったら、赤いゼッケンを付けている人が青い四角の中へ入って座ってください。
（１つの色だけでなく、「赤と黄」「みんな」などの指示も行う）

〈時間〉　適宜

［2021年度出題］

問題20　分野：お話の記憶

〈準備〉　なし

〈問題〉　これからお話をします。よく聞いて、後の質問に答えてください。

今日は日曜日です。たろうくんは、お友だちと公園で遊ぶ約束をしています。朝ごはんを食べた後、たろうくんはボールを持って公園に行きました。公園ではお友だちが待っていました。さっそく、たろうくんはお友だちといっしょに遊び始めました。まず最初に、砂場ですもうを取りました。たろうくんは体が大きいので、すもうにどんどん勝って１番になりました。次に、お友だちが持ってきた大縄でなわとびをしました。たろうくんはうまく跳べず、何度も縄に引っかかってしまいます。ですが、お友だちが跳ぶコツを教えてくれたので、はじめよりも上手く跳べるようになりました。最後に、たろうくんが持ってきたボールを使って、みんなでボール遊びをしました。自分が持ってきたボールを使って、みんなが楽しそうに遊んでいる様子を見て、たろうくんはニコニコしていました。

（問題20の絵を見せる）
たろうくんが遊んだものを順番に、絵を指でさしてください。

〈時間〉　20秒

［2020年度出題］

問題21　分野：図形（模倣・積み木）

〈準備〉　立方体の積み木18個（見本用：９個、志願者用：９個）
あらかじめ、問題21の絵を見て、見本用の積み木を同じように積んでおく。

〈問題〉　**この問題は絵を参考にしてください。**
お手本通りに積み木を積んでください。

〈時間〉　１分

［2020年度出題］

家庭学習のコツ②　**「家庭学習ガイド」はママの味方！**

問題演習を始める前に、試験の概要をまとめた「家庭学習ガイド（本書カラーページに掲載）」を読みましょう。「家庭学習ガイド」には、応募者数や試験科目の詳細のほか、学習を進める上で重要な情報が掲載されています。それらの情報で入試の傾向をつかみ、学習の方針を立ててから、対策学習を始めてください。

問題22　分野：図形（四方からの観察）

〈準備〉　なし

〈問題〉　**この問題の絵は縦に使用してください。**
（問題22の絵を見せる）
上の段を見てください。絵の中の女の子から、雪だるまはどのように見えますか。下の段から選んで指でさしてください。

〈時間〉　30秒

［2020年度出題］

問題23　分野：常識（生活）

〈準備〉　なし

〈問題〉　（問題23の絵を見せる）今から指差すものの名前を答えてください。
（絵を指さして答えさせる）

〈時間〉　適宜

［2020年度出題］

問題24　分野：行動観察

〈準備〉　カード（トランプ、カルタなど、どんなカードでもよい）

〈問題〉　**この問題の絵はありません。**
（３～４人のグループで行う。各々にカードを４枚ずつ配ってから始める）
これからじゃんけんゲームをします。
①周りにいるお友だちと２人組を作ってください。
②お友だちと「こんにちは」とあいさつをして、握手してください。
③ジャンケンをして、負けたら勝った人からカードを１枚もらってください。
④カードが全部なくなった人は、先生のところへ行って新しいカードをもらってください。
⑤先生が「やめてください」と言うまで周りのお友だちとどんどんジャンケンを続けてください。終わったら、自分の持っているカードの数をかぞえてみましょう。

〈時間〉　適宜

［2020年度出題］

問題25　分野：言語（お話作り）

〈準備〉　あらかじめ、問題25の絵を線で切り取り、6枚のカードにしておく。ただし、右下の1枚は使用しない。

〈問題〉　（5枚のカードを渡し）1つのお話になるように、この5枚のカードを左から順に並べてください。

〈時間〉　3分

［2016年度出題］

問題26　分野：図形（四方からの観察）

〈準備〉　なし

〈問題〉　（問題26の絵を見せる）
上の絵を見てください。男の子から見ると家はどのように見えますか。下の絵から正しいものを選んで指でさしてください。

〈時間〉　30秒

［2016年度出題］

問題27　分野：運動・行動観察

〈準備〉　平均台2台
（代用の例、床に間隔を10㎝開けて両端にテープを貼る）

〈問題〉　**この問題の絵はありません。**
①はじめに平均台のところまで走ってください。
　できるだけ速く走りましょう。
②次に平均台を端から端まで歩いて渡り、両足を揃えて跳び降ります。
③下りたらその場でケンパーをしてください。（1分後に）やめてください。
④2人1組になって足ジャンケン（グーは足を閉じる、チョキは前後に開く、パーは横に開く）をしましょう。（1分後に）やめてください。

〈時間〉　適宜

［2016年度出題］

家庭学習のコツ③　効果的な学習方法～問題集を通読する

過去問題集を始めるにあたり、いきなり問題に取り組んではいませんか？　それでは本書を有効活用しているとは言えません。まず、保護者の方が、すべてを一通り読み、当校の傾向、ポイント、問題のアドバイスを頭に入れてください。そうすることにより、保護者の方の指導力がアップします。また、日常生活のさまざまなことから、保護者の方自身が「作問」することができるようになっていきます。

問題28　分野：運動・行動観察

〈準備〉　平均台２台
（平均台代用の例、床に間隔を10㎝開けて両端にテープを貼る）

〈問題〉　**この問題の絵はありません。**
（２人１組で行う）
最初に平均台を端から端まで歩いて渡りましょう。平均台から両足を揃えて、ピョンと跳び下ります。下りたらラインのところまで走ってください。できるだけ速く走りましょう。ラインまで走ったら、その場に立って腕まわしをします。前に５回、後ろに５回まわしてください。それから、いっしょに走ったお友だちとその場で足ジャンケンをしましょう。勝った人はバンザイ、負けた人は拍手をしてあげましょう。

〈時間〉　適宜

［2013年度出題］

問題29　分野：図形（模倣・積み木）

〈準備〉　立方体の積み木８個

〈問題〉　**この問題は絵を参考にしてください。**
お手本通りに積み木を積んでください。

〈時間〉　１分

［2012年度出題］

問題30　分野：運動・行動観察

〈準備〉　スタートラインと25ｍ離れたところにゴールのラインを書いておく。
ケンパーができるように○を書いておく。
※この問題は２人以上で行う。

〈問題〉　**この問題の絵はありません。**
①今いるその場所でケンパをしてください。（１分後に）やめてください。
②２人１組になって、足ジャンケン（グーは足を閉じる、チョキは前後に開く、パーは横に開く）をしてください。はい、やめてください。
③次は、２人ずつスタートラインに立ってください。今から向こうのゴールまでかけっこをします。がんばって走ってください。ヨーイドン。

〈時間〉　適宜

［2010年度出題］

問題31　分野：面接（幼児面接）

〈準備〉　なし

〈問題〉　この問題の絵はありません。
①あなたは今、何歳ですか。
②今日はどうやって、学校まで来ましたか。

〈時間〉　３分

［2010年度出題］

岡山大学教育学部附属小学校の出題傾向に沿って、近畿圏の有名校過去問から抜粋しました。少し難易度は高いですが、家庭学習の一環として取り組むとよいでしょう。

チャレンジ問題に挑戦！

問題32　分野：お話の記憶

〈準　備〉　鉛筆、消しゴム

〈問　題〉　お話を聞いて、後の質問に答えてください。

今日、ハナコさんはユウトくんと遊ぶ約束をしています。ハナコさんが出かける時、お母さんに「マスクとハンカチを持っていきなさい」と言われました。公園に着くと２人はシーソーで遊びました。夕方、お母さんが水筒を持って迎えに来てくれました。帰る時にハナコさんはユウトくんに「明日はお家でゲームしようね」と言いました。

（問題32の絵を渡す）
①お母さんは何を持っていきなさいと言ったでしょうか。選んで○をつけてください。
②２人は公園で何をして遊んだでしょうか。選んで○をつけてください。
③お母さんは公園に何を持って来たでしょうか。選んで○をつけてください。
④明日はユウトくんと何をして遊ぶでしょうか。選んで○をつけてください。

〈時　間〉　各10秒

［2021年度・立命館小学校にて出題］

問題33　分野：お話の記憶

〈準　備〉　なし

〈問　題〉　これからするお話をよく聞いて、後の質問に答えてください。

学校から帰ってきた花ちゃんは、お母さんから「夕ご飯はカレーライスにするから、ニンジンとタマネギとジャガイモとお肉を買ってきてちょうだい。カレーのルーはお家にあるから、買わなくていいわ」と、おつかいを頼まれました。花ちゃんはバスに乗ってスーパーへ行き、言われたものを買いました。スーパーを出たところで、おばあちゃんに会いました。「花ちゃん、１人でおつかいにきたの？えらいわね、ご褒美にお洋服を買ってあげましょう」と褒められたので、いっしょに近くの洋服屋さんに行きました。「これがいい」と言って花ちゃんが選んだのは、長袖の袖が縦縞で、胴が横縞のＴシャツでした。その帰り道、花ちゃんはおばあちゃんといっしょに公園に寄って、ブランコで遊びました。それから家に帰って、お母さんのお手伝いをしました。お手伝いをしてできた夕ご飯のカレーライスは、いつもよりおいしいな、と花ちゃんは思いました。

①スーパーに行くために、花ちゃんが乗った乗り物は何ですか。指差してください。
②スーパーで買わなかったものは何ですか。指差してください。
③どの服を買いましたか。指差してください。
④公園では何をして遊びましたか。指差してください。

〈時　間〉　各15秒

［2021年度・追手門学院小学校にて出題］

問題34　分野：推理（系列）

〈準備〉　クーピーペン（赤、青、黄、緑、黒）

〈問題〉　あるお約束にしたがって動物が並んでいます。四角の「？」に入る動物に赤のクーピーペンで○をつけてください。

〈時間〉　30秒

［2020年度・関西大学初等部にて出題］

問題35　分野：推理（系列）

〈準備〉　鉛筆

〈問題〉　スーパーマーケットには、品物が順番通りに並んでいます。空いている□に入るものを、それぞれ右の絵から選んで○をつけてください。

〈時間〉　１分

［2019年度・近畿大学附属小学校にて出題］

問題36　分野：推理（四方からの観察）・図形（回転図形）

〈準備〉　鉛筆

〈問題〉　上の段を見てください。１番上の黒い積み木は☆の上に載っています。積み木を上から見た時の形を下の四角の中から選んで○をつけてください。ただし、向きが変わっているかもしれません。

〈時間〉　30秒

［2021年度・雲雀丘学園小学校にて出題］

問題37　分野：推理（系列、四方からの観察、位置の移動）

〈準備〉　鉛筆

〈問題〉　**この問題の絵は縦に使用してください。**

①上の段を見てください。お約束に従って形が並んでいます。空いている四角にあてはまる形を書いてください。

②真ん中の段を見てください。左の四角のように動物たちが積み木を見ています。右の四角の中から、ブタから見た積み木を選んで○、ネコから見た積み木を選んで△をつけてください。

③下の段を見てください。上の四角のお約束でウサギは動きます。１番下の四角の順番でウサギが動いた時、その上にいるウサギはどのように動くでしょうか。太い線のマス目にウサギが最後に止まるものを１番下のお約束から選んで○をつけてください。

〈時間〉　①②１分　②３分

［2020年度・大阪教育大学附属天王寺小学校にて出題］

問題38　分野：図形（四方からの観察）

〈準備〉　鉛筆

〈問題〉　上の四角の絵を見てください。
この絵を今見ている後ろから見たものに○をつけてください。

〈時間〉　15秒

［2021年度・追手門学院小学校にて出題］

問題39　分野：複合（常識、迷路、四方からの観察）

〈準備〉　クーピーペン（赤、青、黄、緑、黒）

〈問題〉　（問題39-1の絵を見せる）
①あなたは卵、大根、ステーキ、牛乳、アメを買います。できるだけ短い距離を歩いて買うにはどの順番で回ればよいでしょうか。「★」から黒のクーピーペンで線をひいてください。
（問題39-2の絵を見せる）
②絵のような景色が見えるのはどのあたりでしょうか。
先ほど線を引いた絵に正しいと思う位置に赤のクーピーペンで○をつけてください。

〈時間〉　1分

［2020年度・関西大学初等部にて出題］

問題40　分野：図形（四方からの観察・積み木）

〈準備〉　鉛筆

〈問題〉　ワンダたちは、積み木遊びでさまざまな形を作りました。問題の絵を見てください。左側の積み木を矢印の方から見ると、どのように見えますか。右側から選んで○をつけてください。

〈時間〉　30秒

［2019年度・近畿大学附属小学校にて出題］

問題 1

問題2

問題4－1

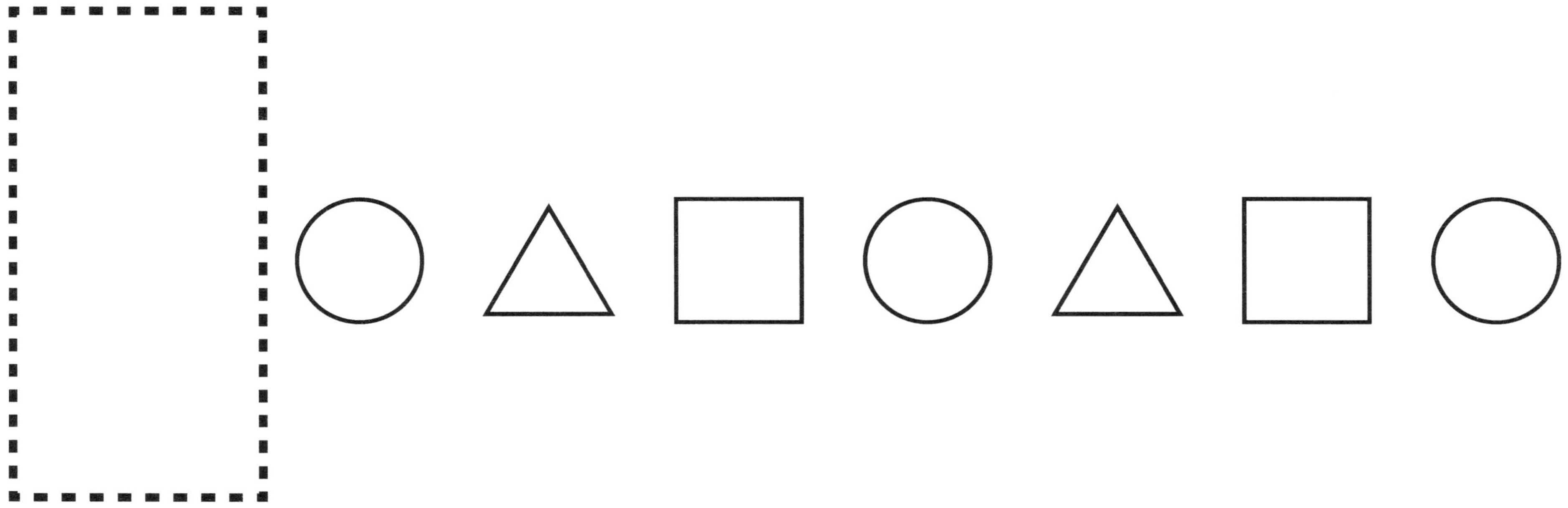

問題４－２

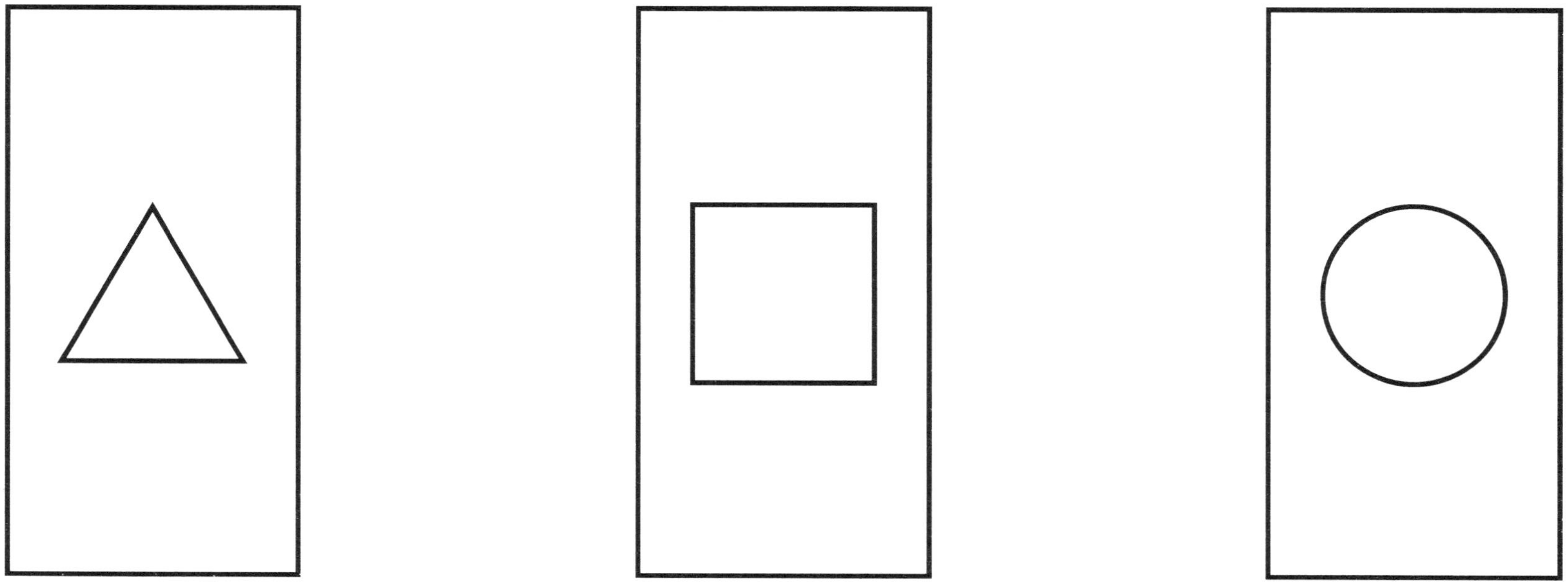

問題5

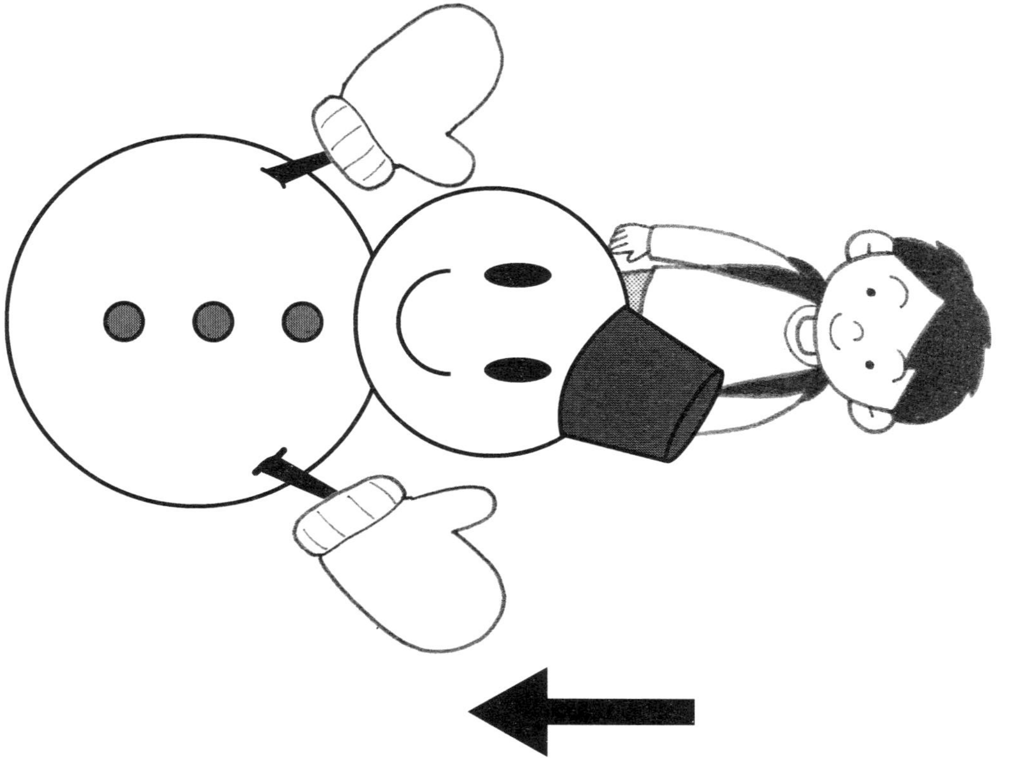

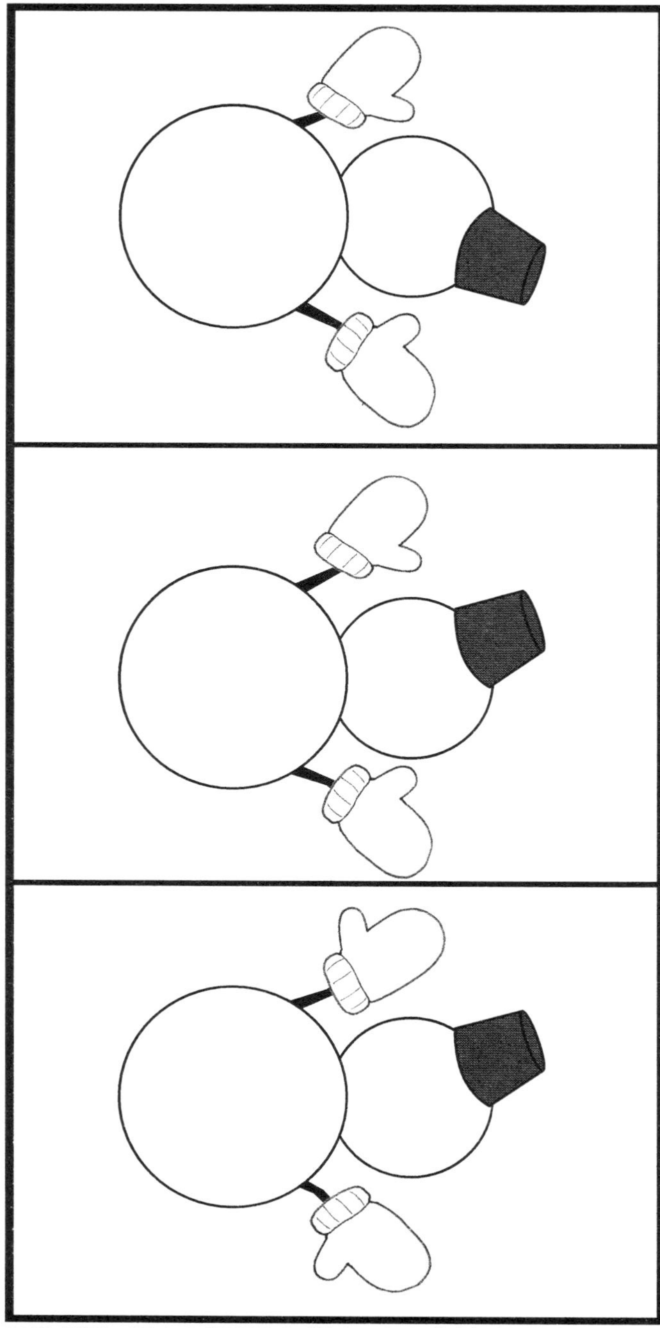

日本学習図書株式会社

問題6

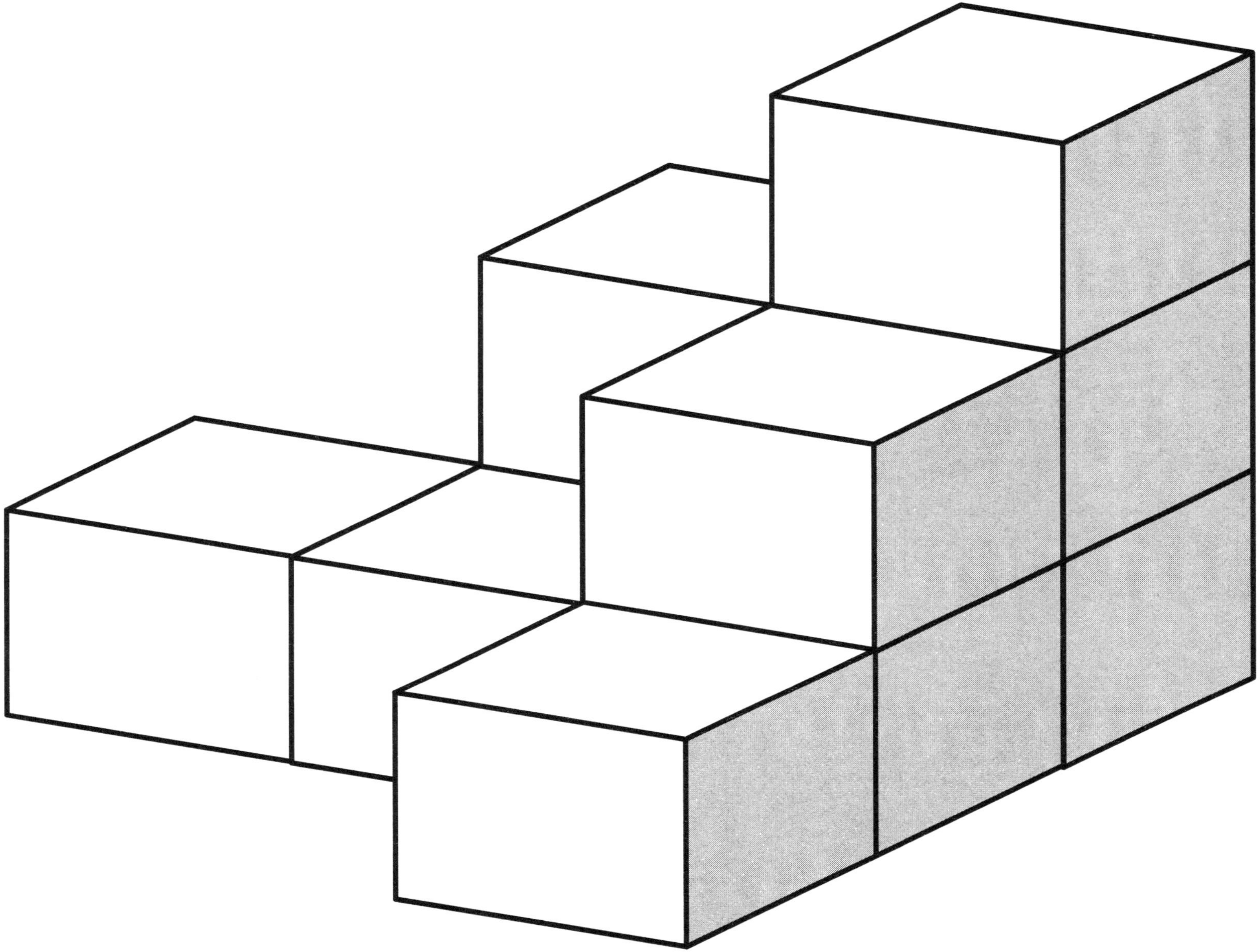

問題７

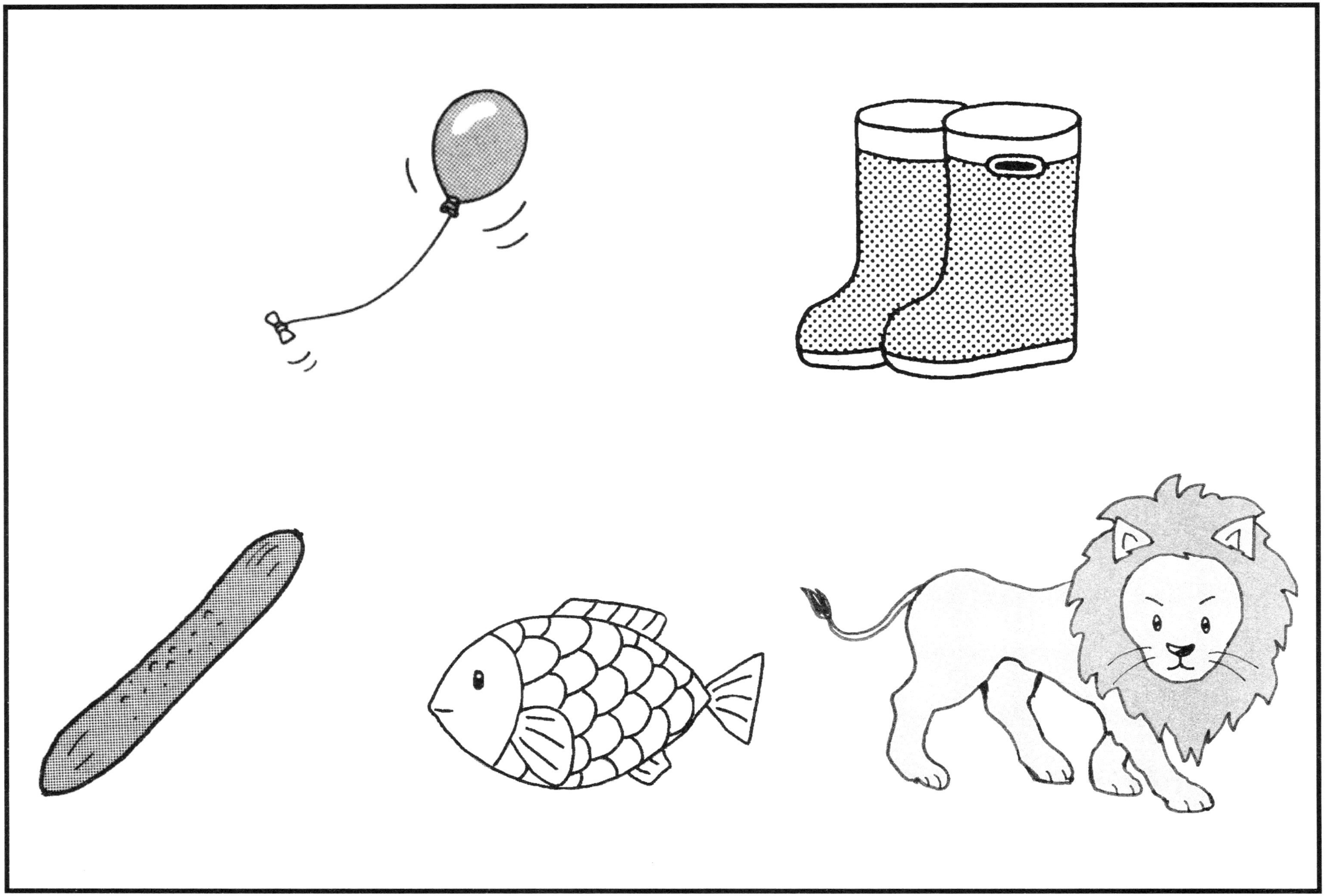

2023年度　岡山大学附属小　過去　無断複製／転載を禁ずる　　　　　日本学習図書株式会社

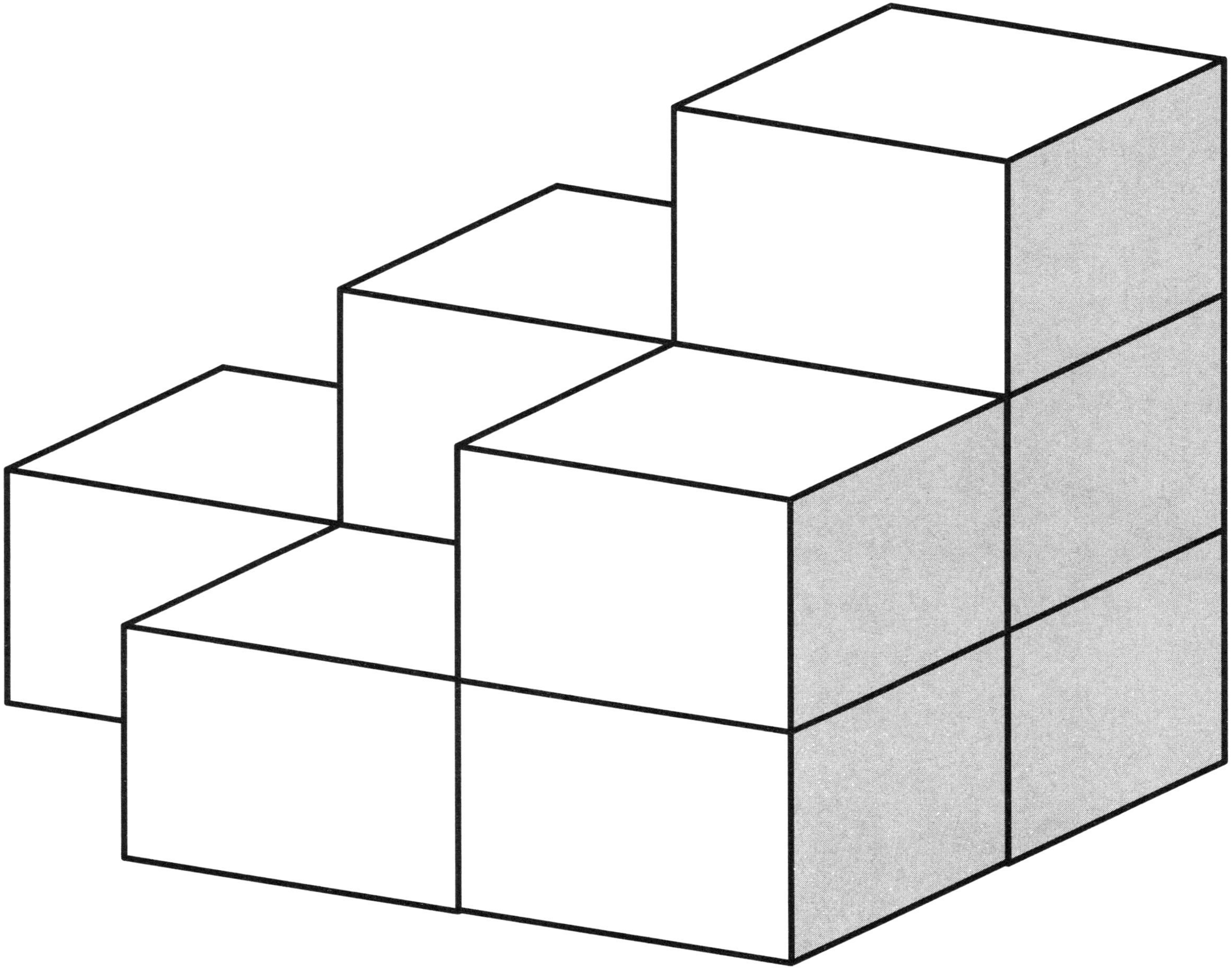

問題１３

問題１４－１

問題１４－２

問題１５

問題16

2023年度 岡山大学附属小 過去 無断複製/転載を禁ずる 日本学習図書株式会社

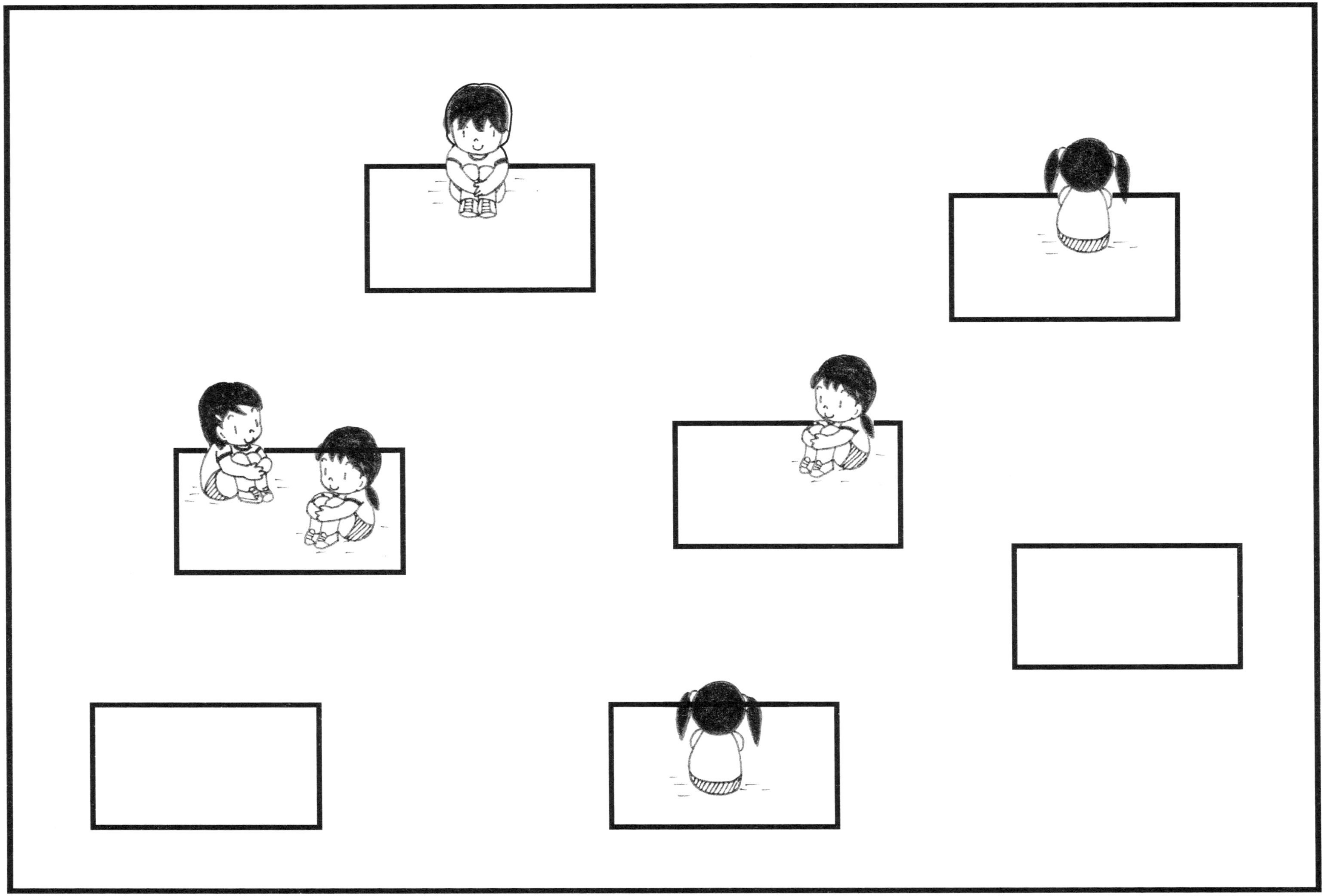

問題２０

問題２１

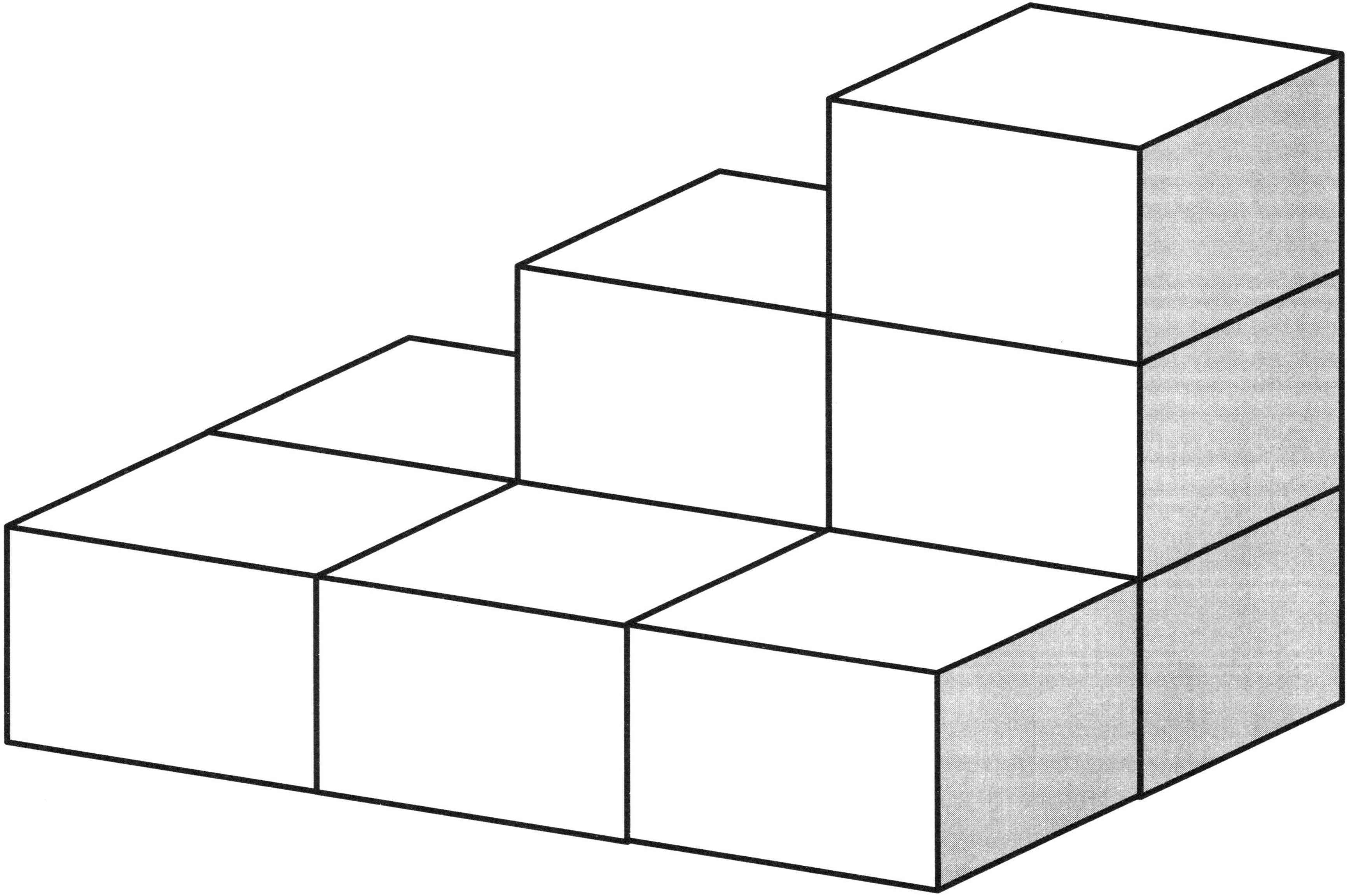

問題２２

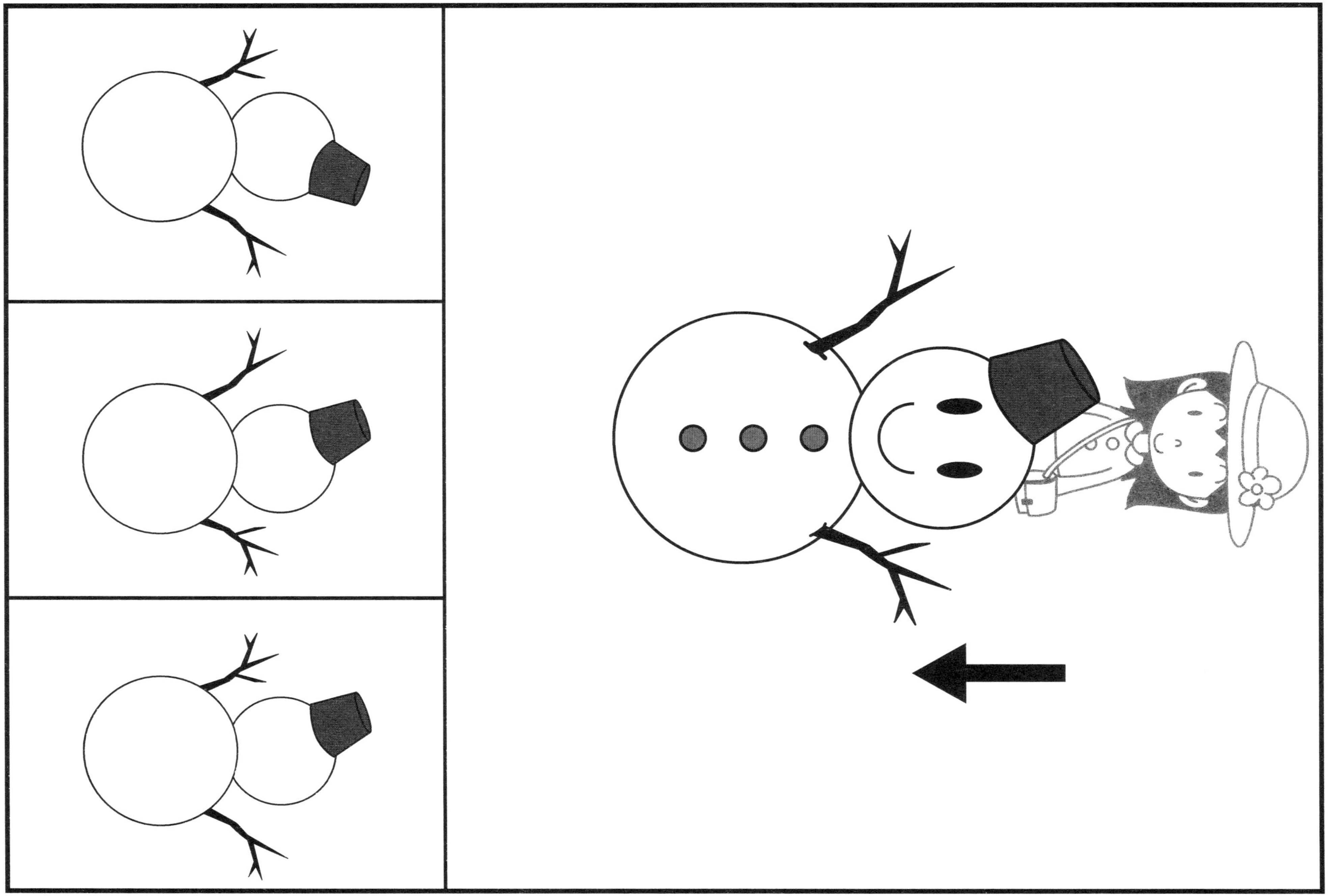

問題２３

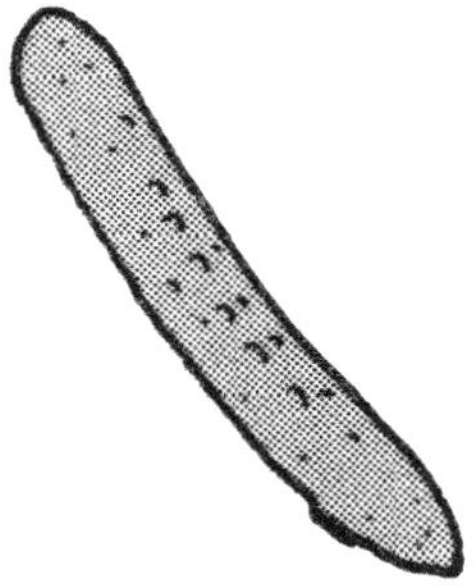

問題２８

日本学習図書株式会社

問題２６

問題２９

問題３２

①

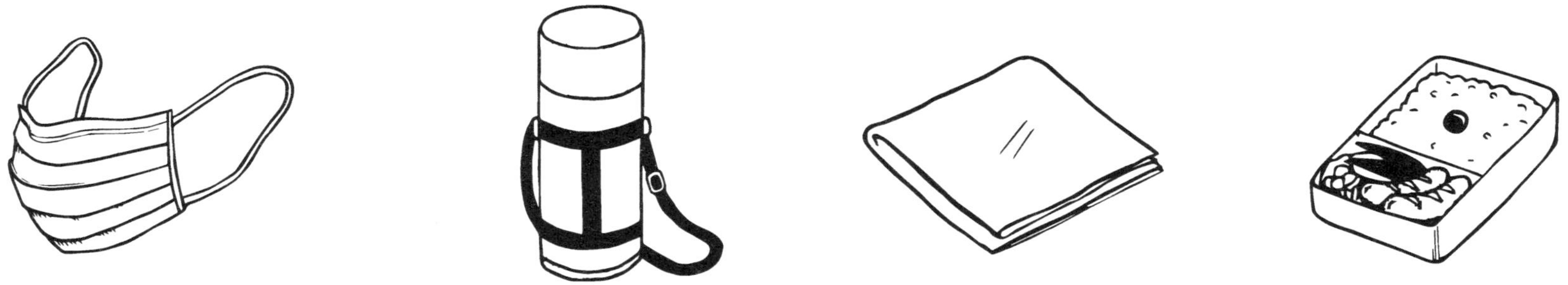

②

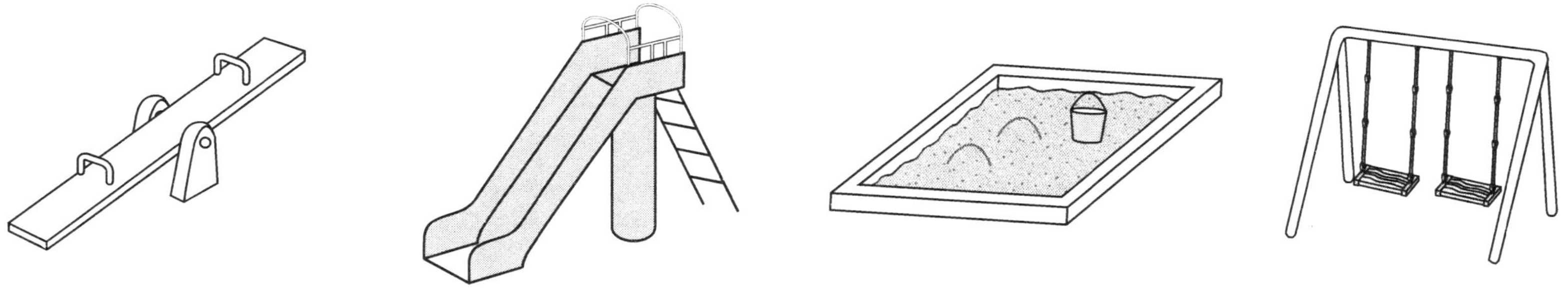

③

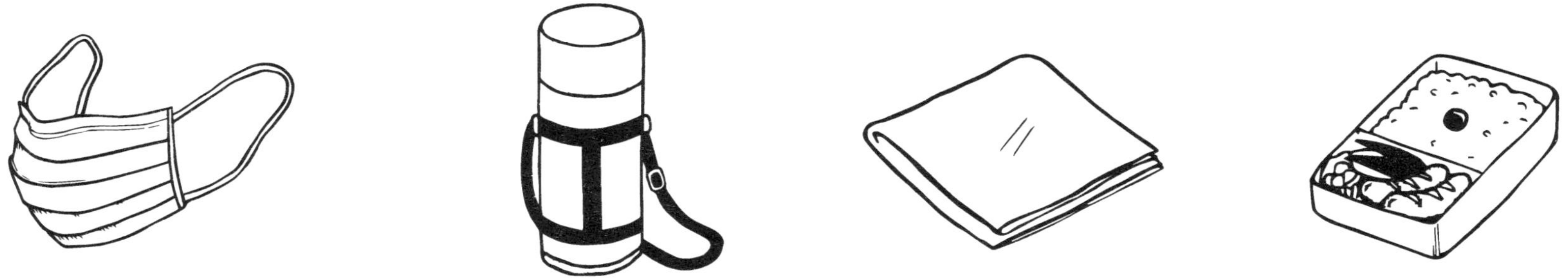

④

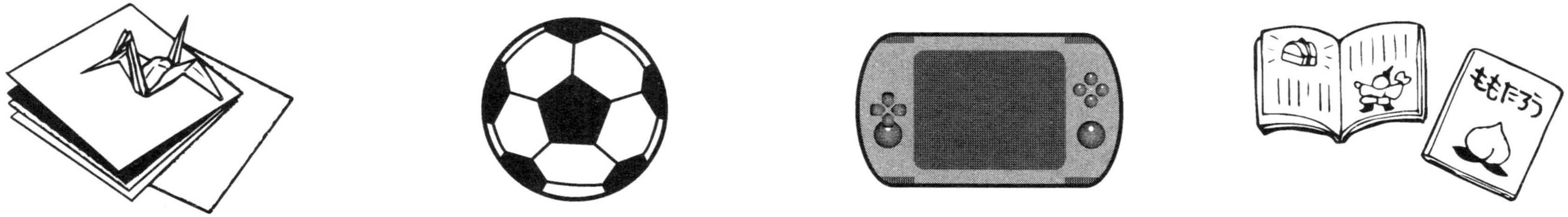

問題 3 3

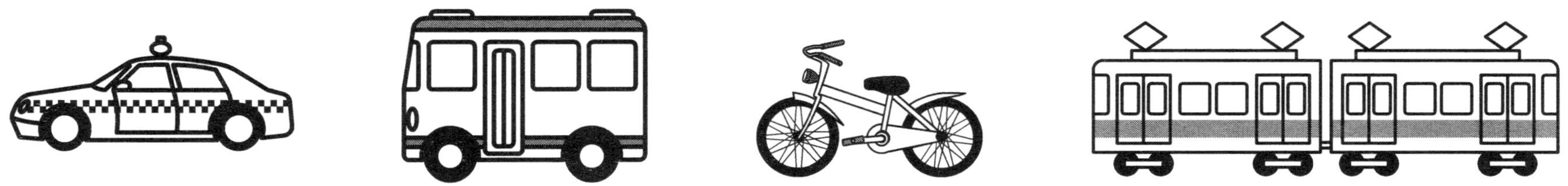

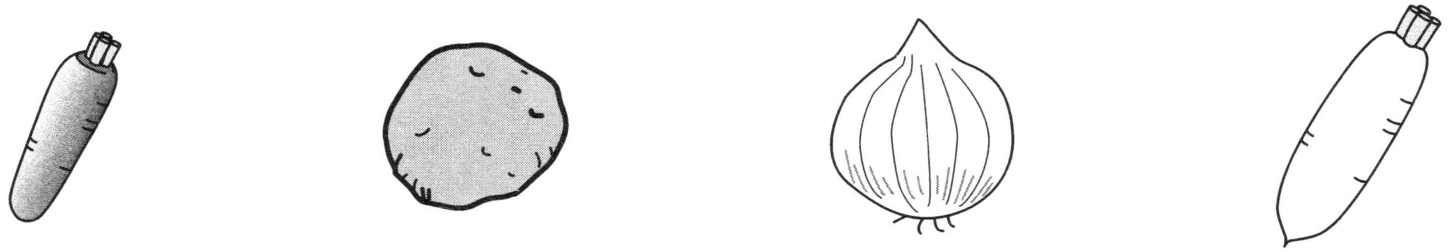

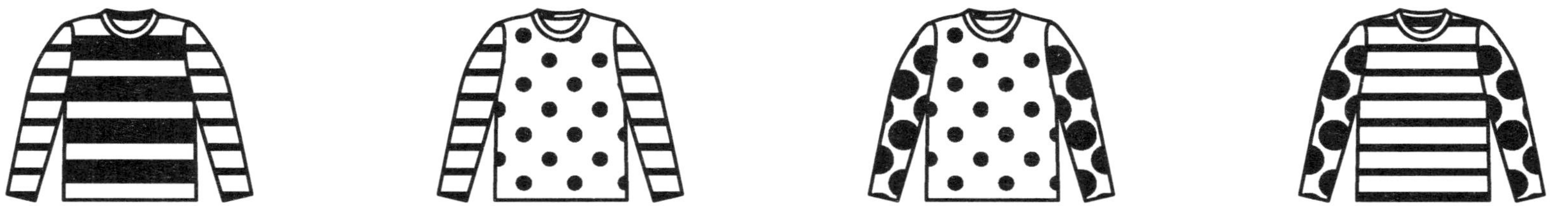

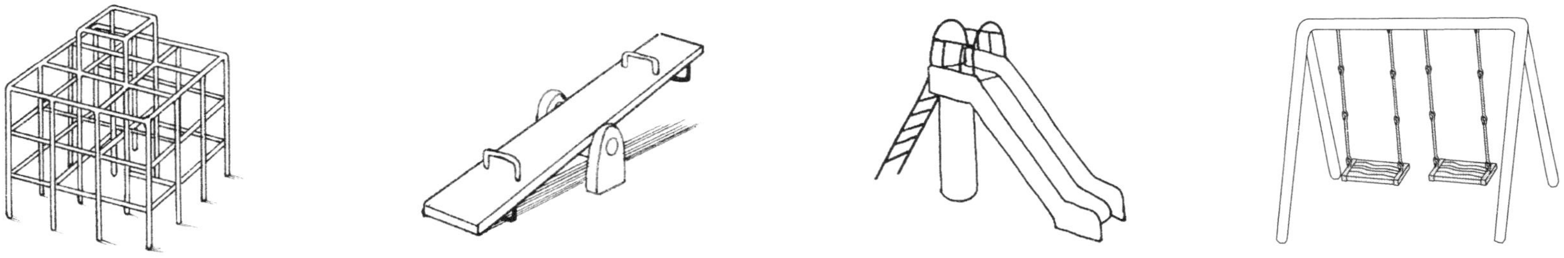

2023 年度　岡山大学附属小　過去　無断複製／転載を禁ずる　日本学習図書株式会社

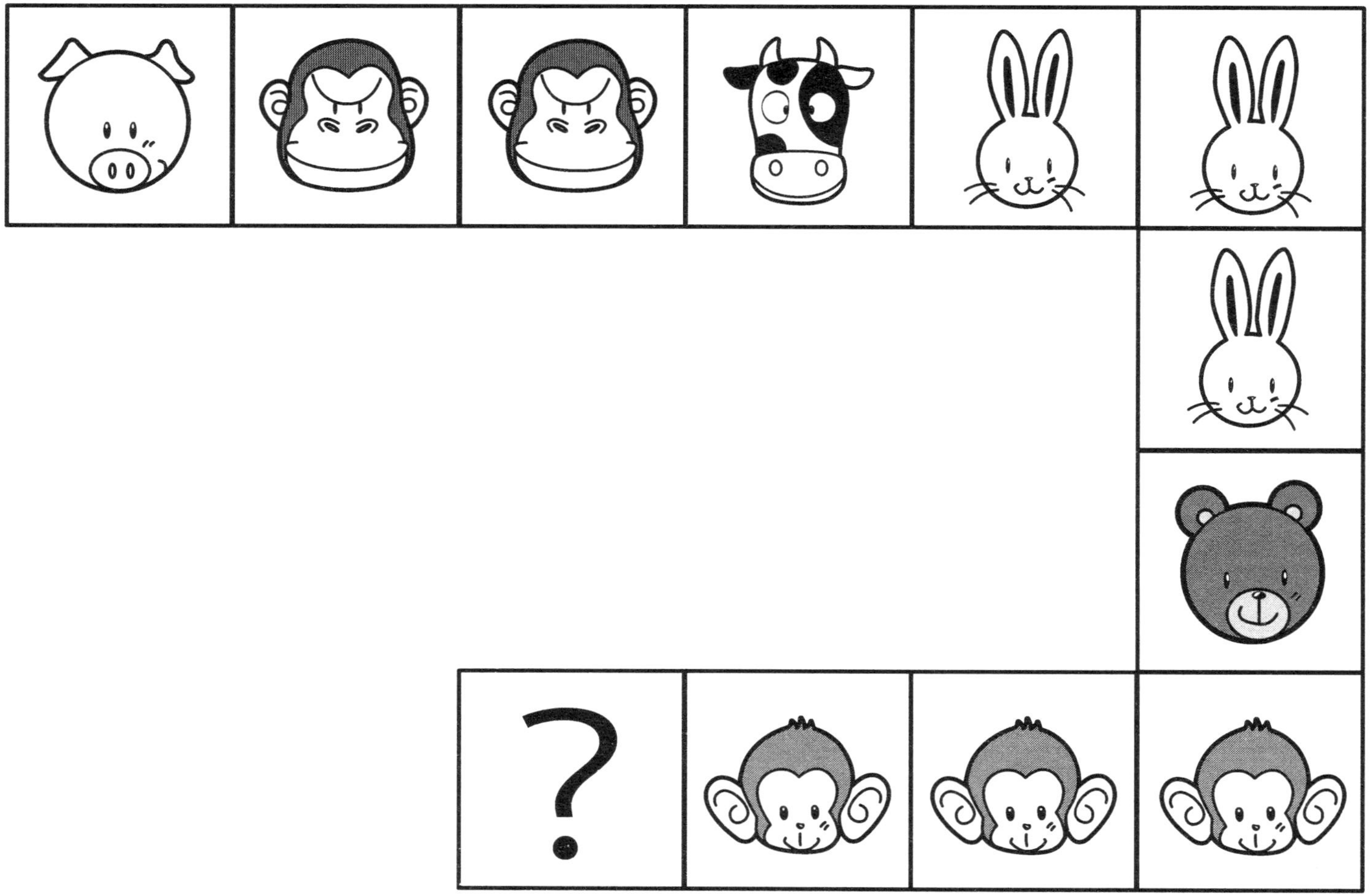

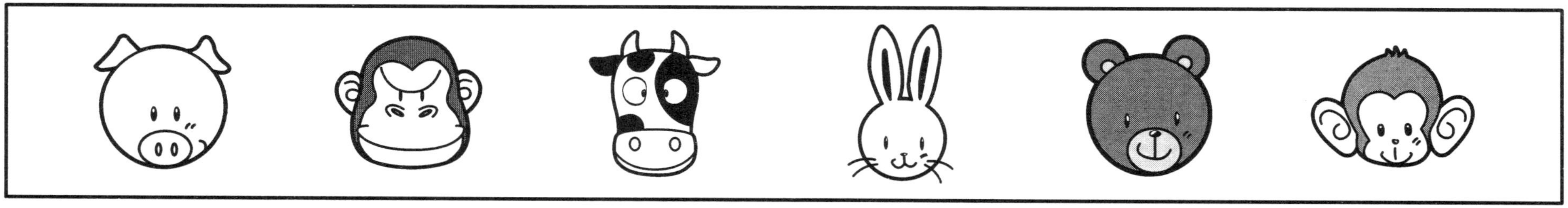

問題３５

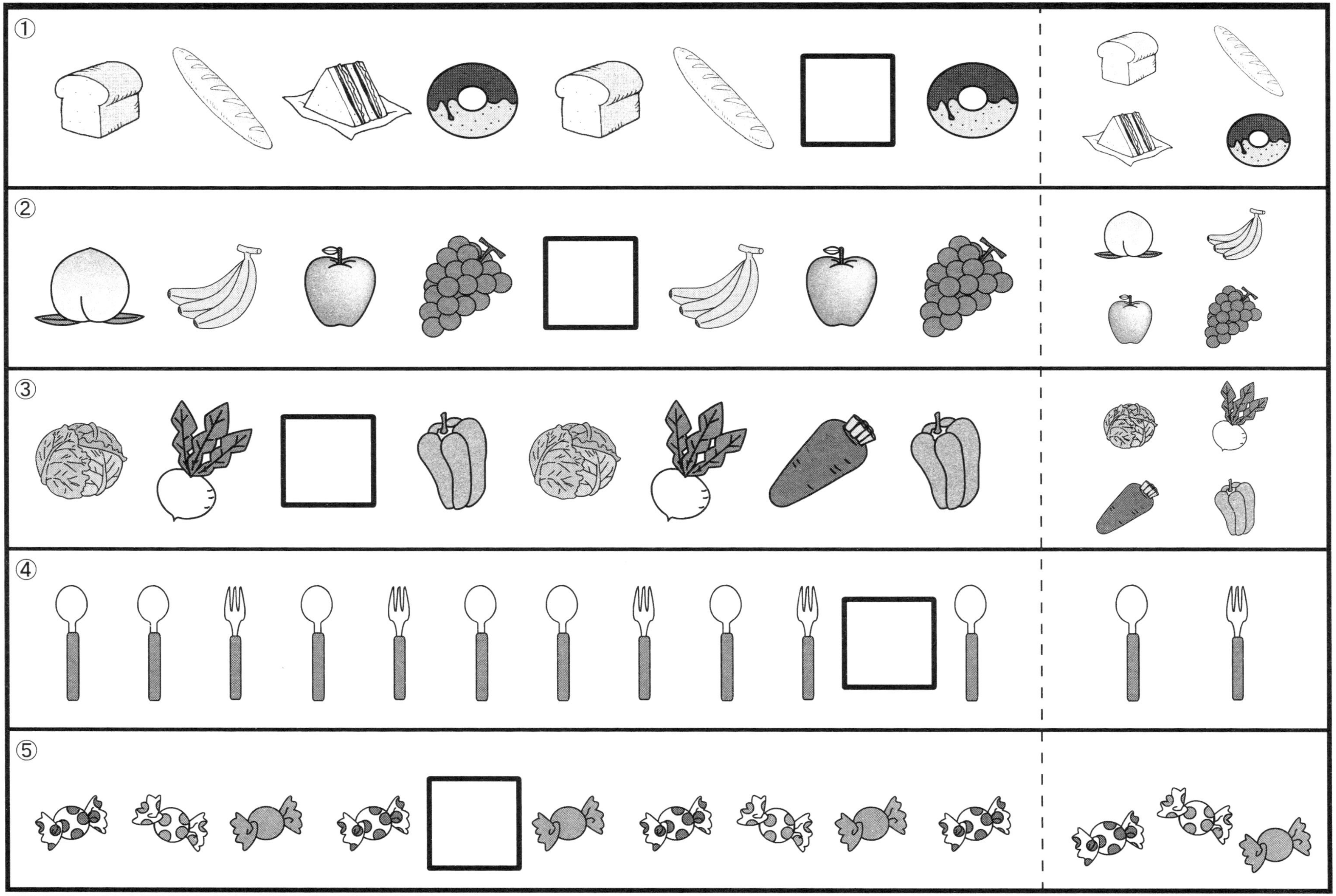

問題 3 6

日本学習図書株式会社

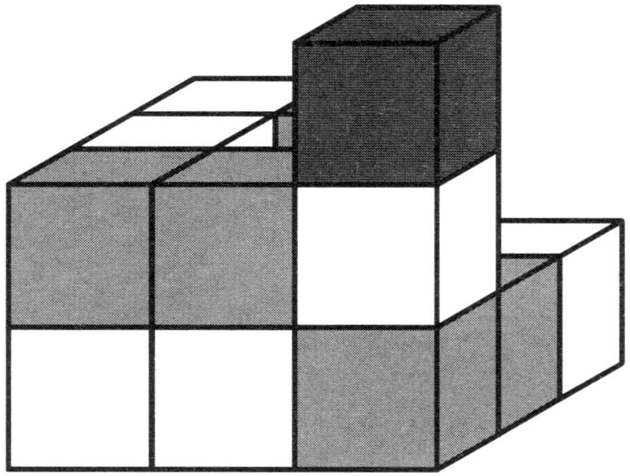

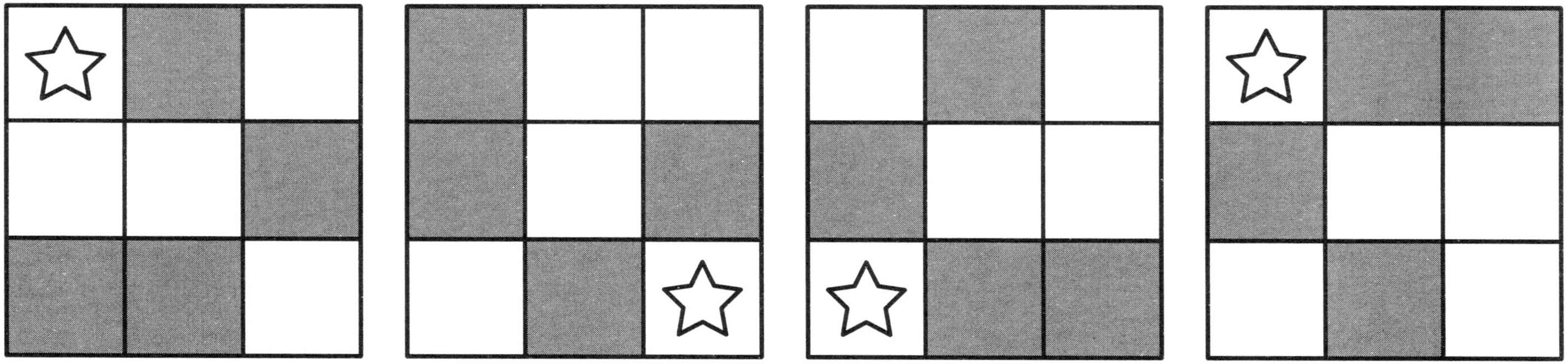

問題３７

①

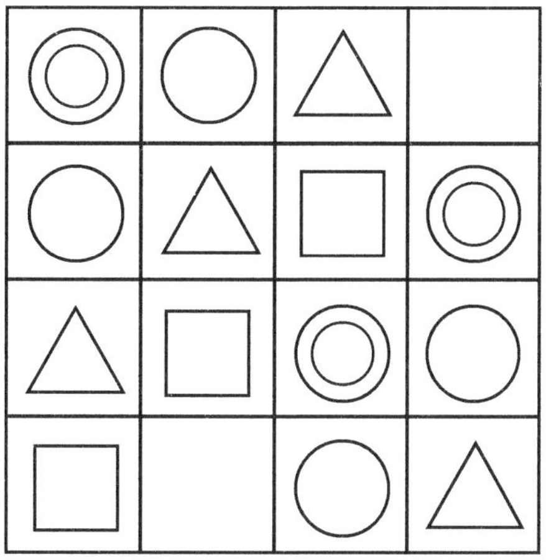

②

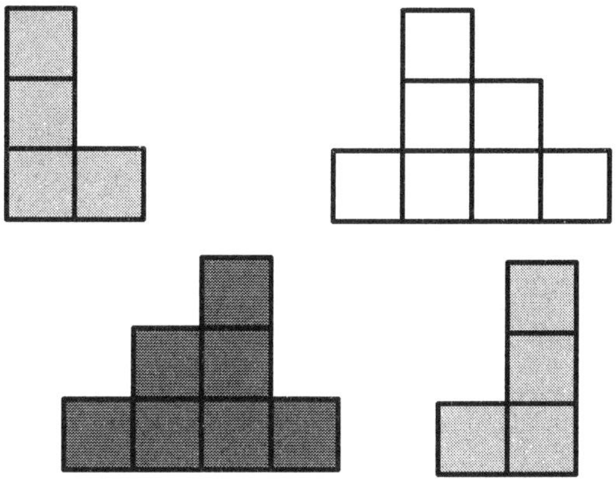

③

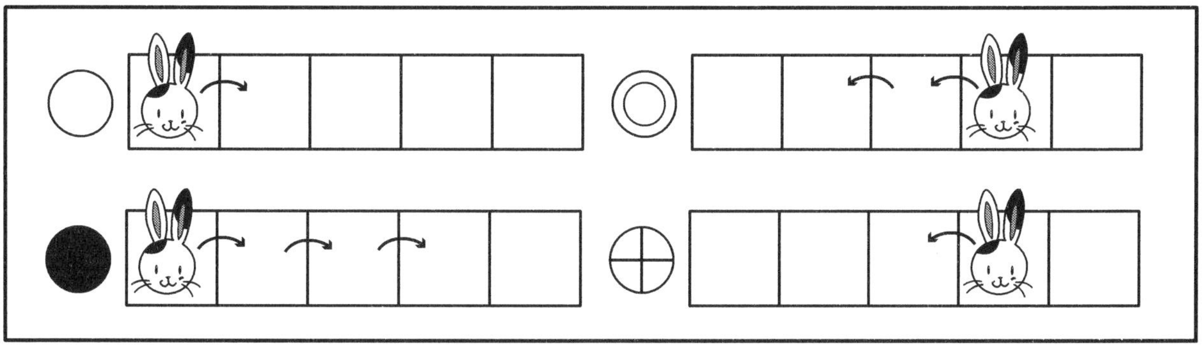

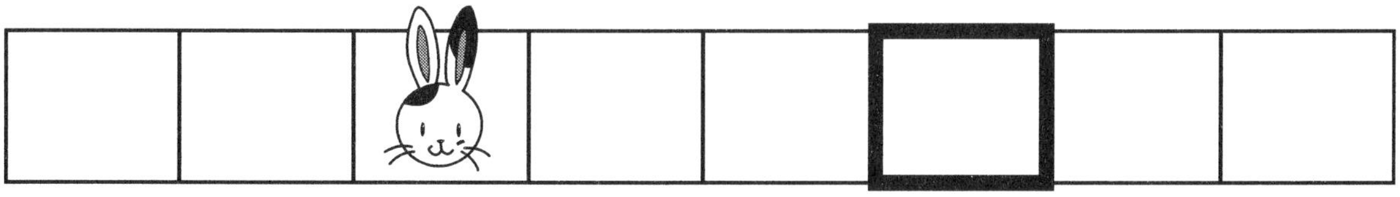

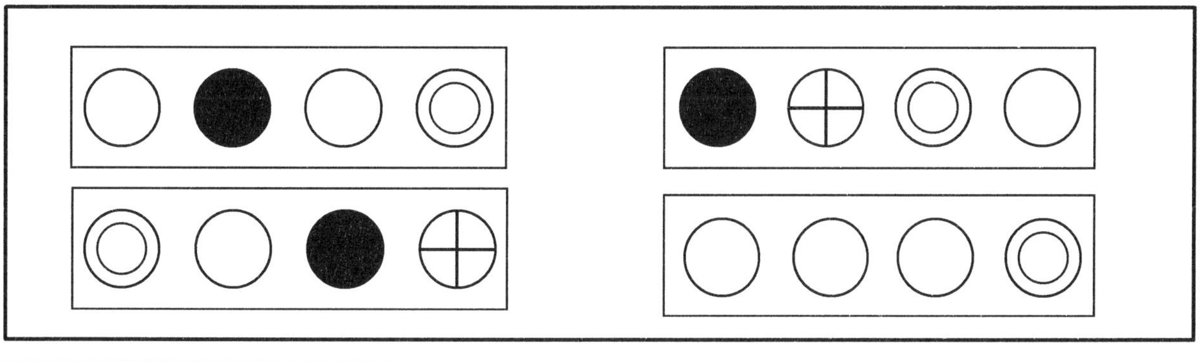

問題３８

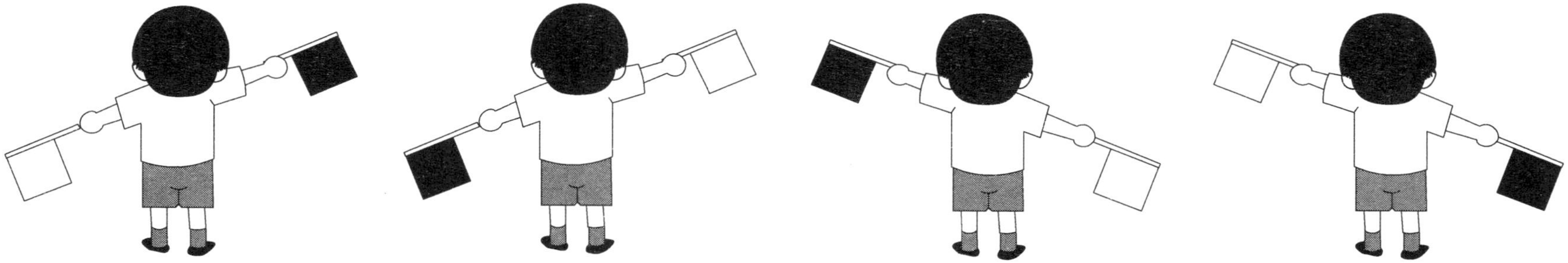

2023 年度　岡山大学附属小　過去　無断複製／転載を禁ずる　　　日本学習図書株式会社

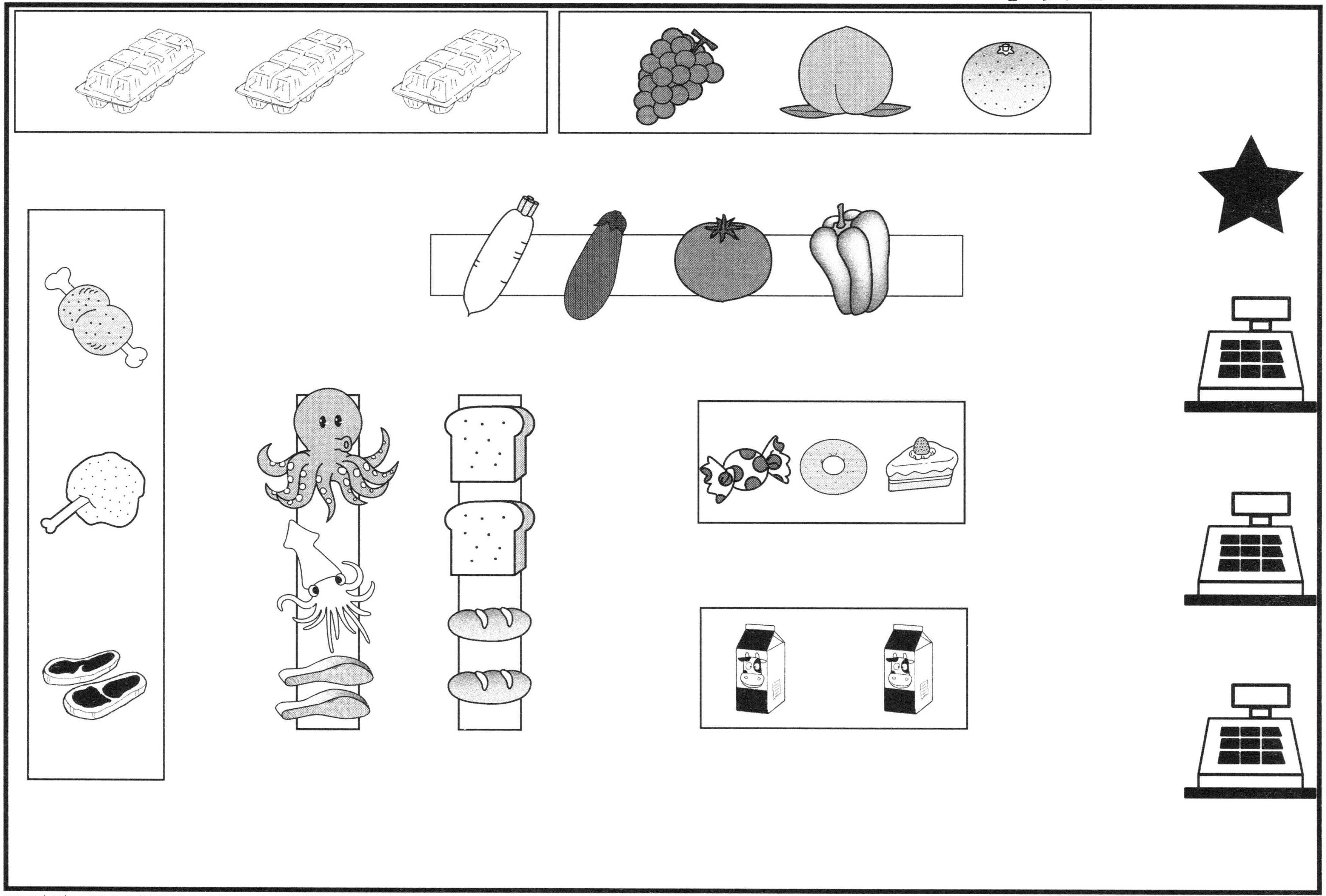

問題３９－２

問題40

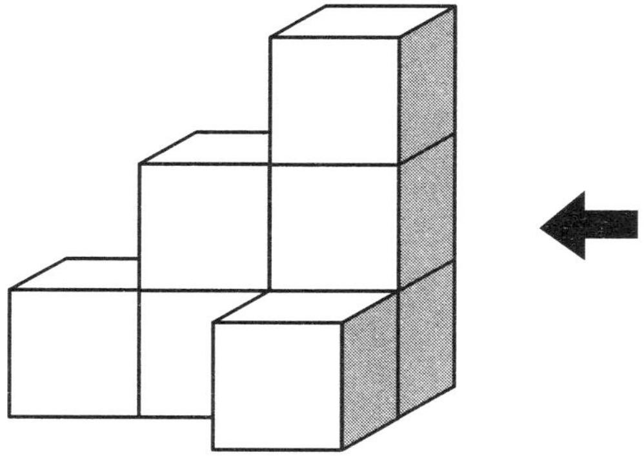

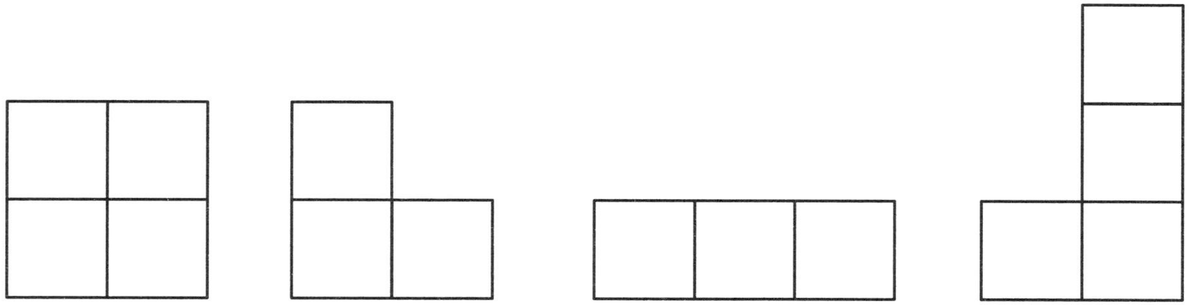

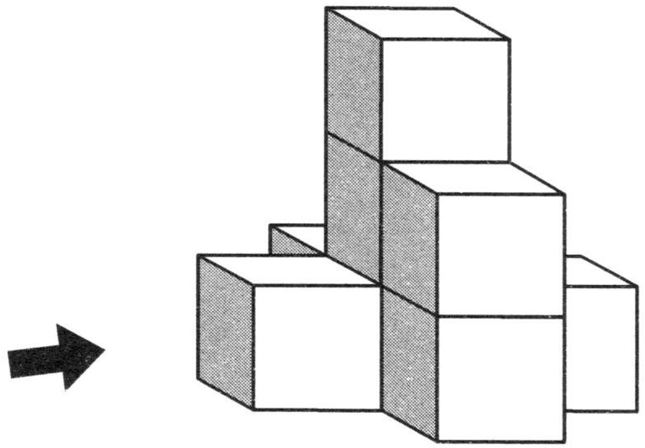

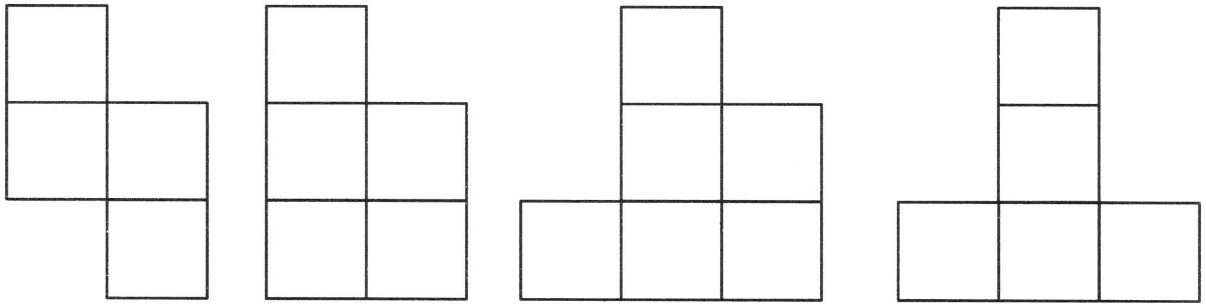

2022年度入試
解答例・学習アドバイス

解答例では、制作・巧緻性・行動観察・運動といった分野の問題の答えは省略されています。こうした問題では、各問のアドバイスを参照し、保護者の方がお子さまの答えを判断してください。

問題1　分野：お話の記憶

〈解答〉　省略

お話そのものも短く、また問われている内容も「遊んだものの順番」であり、簡単な内容であると言えるでしょう。ほかの志願者も当然正解しますから、ケアレスミスをしてはいけない問題となります。解答の精度を高めるためには、「誰が」「何を」「～した」というお話のポイントとなる描写を的確に記憶し、自分なりに整理してから質問に答えるというのが基本です。その時、文字ではなく、情景をイメージできるようになれば、さらにお話の流れが把握しやすくなるでしょう。なお、当校の入試は全分野に渡って、ここ数年ほぼ同じ問題が出題されています。学校としては、満点の解答をした上で、積極的に行動する、周囲を気遣う、きちんと聞く・話すなど、お子さまに合わせた長所の見せ方を考え、対策をたてていくとよいでしょう。

【おすすめ問題集】

1話5分の読み聞かせお話集①②、お話の記憶 初級編・中級編・上級編、
Ｊｒ・ウォッチャー19「お話の記憶」

問題2　分野：言語（お話づくり）

〈解答〉　省略

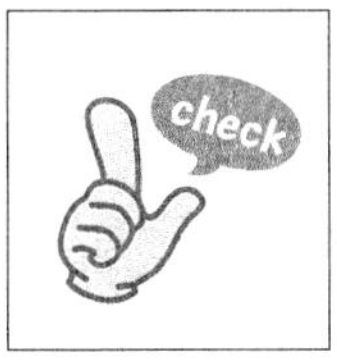

見た絵を記憶し、その絵について話を膨らませていくには想像力や発想力が必要不可欠です。これらの力は一朝一夕では身につきません。日頃から、話の読み聞かせや、お話の創作などに慣れ親しんでおきましょう。また、自分の想像したことを実際に口にして説明する必要があります。お子さまとの日常会話においても、単語でお話をするのではなく、しっかりとわかりやすい言葉で話すように心掛けて指導をするとよいでしょう。

【おすすめ問題集】

新口頭試問・個別テスト問題集、Ｊｒ・ウォッチャー21「お話作り」

問題3　分野：数量（数を分ける）

〈解答〉　赤い箱から積み木を５個取り出し、青い箱に移す。

例年出題されている、積み木を動かして数を整える問題です。色付きの箱であったり、男の子・女の子の絵を貼った箱であったり、２つの箱を区別する方法に関しては多少変わる場合がありますが、指示される内容を理解し、しっかりと解答できるように日頃から練習しておきましょう。青い箱と赤い箱の積み木を入れ替えると、青い箱の中の積み木は10個になりますが、指示されている内容は「赤い箱から移す」ということでしたので、青い箱の積み木には触れないように注意しましょう。

【おすすめ問題集】
Ｊｒ・ウォッチャー14「数える」、16「積み木」、38「たし算・ひき算１」
39「たし算・ひき算２」、43「数のやりとり」

問題4　分野：推理（系列）

〈解答〉　□のカード

系列の問題を紙上で解くので、問題自体が優しい問題でも難しいと感じるかもしれません。先生の前で如何に問題を解くかが鍵となるでしょう。問題を見ると「□・○・△」が繰り返し並んでいます。小学校受験ではそれを「お約束で並んでいる」と言ったりしますが、その法則性を発見する問題を「系列の問題」と呼んでいるわけです。法則性を見つけるまでには慣れが必要な問題ですが、繰り返し類題を解くことでその速度も速くなります。問題集を活用し、しっかりと学習を進めておきましょう。

【おすすめ問題集】
Ｊｒ・ウォッチャー６「系列」

問題5　分野：図形（四方からの観察）

〈解答〉　真ん中

後ろから見た形を答える問題ですが、類似問題として鏡越しに見る形の判別などが挙げられます。保護者の方に立っていただき、学習としてではなく、生活体験として左右反転の原理を身に付けましょう。お子さまがどうしてその選択肢を選んだのか、という点についても確認しておくとよいでしょう。また、イラストに描いてある男の子の視点で、という点にも注意してください。この場合は自分の左右とは逆になります。類題を解きながら、視点についても注意するように指導しましょう。

【おすすめ問題集】
Ｊｒ・ウォッチャー８「対称」、48「鏡図形」

問題6　分野：図形（四方からの観察・積み木）

〈解 答〉　省略

積み木をお手本通りに積み上げる問題です。極端に難しい立体が出題されるわけではないのですが、積み木で遊んでいなければ多少まごついてしまうかもしれません。まずは積み木に触れること、あえて作るものを決めずに積み木で遊ぶといったことを日頃からしておきましょう。積み木遊びは立体というものを感覚的に学ぶ機会の１つにもなり、またお子さまの手先を器用にすることにもつながるので、是非お手元に積み木を準備して一緒に遊んでみてください。

【おすすめ問題集】
　Ｊｒ・ウォッチャー10「四方からの観察」、16「積み木」
　53「四方からの観察　積み木編」

問題7　分野：常識（生活）

〈解 答〉　省略

ものの名前は常識の問題です。変わったものはあまり出題されないので、特に学んでおかないといけないというものはありません。できれば実物、もしくは図鑑などを見せながら、何をするものか、いつ使うものかなども教えるとお子さまの印象にも残るでしょう。こういった問題を含めて常識の問題のほとんどは、生活の中で知ることから出題されています。新しいものを使う時、新しい何かに触れ合う時はしっかりとものの名前を教えること、また日常会話の中でものの名前を間違えずに言うように指導すること、などが大切です。

【おすすめ問題集】
　新口頭試問・個別テスト問題集
　Ｊｒ・ウォッチャー11「いろいろな仲間」、18「いろいろな言葉」、
　27「理科」、55「理科②」

問題8　分野：運動・行動観察

〈解 答〉　省略

基本的な運動です。お子さま自身の行動を観察されているといっても過言ではありません。先生の指示をしっかり聞いて理解し、自信ある行動が行えるように、日頃から保護者の方の指示を聞いて行動する機会を設けておくとよいでしょう。また、例えば手をぶらぶらさせるときの姿勢、屈伸の時の膝の曲がり具合など、一生懸命に行動するという点も行動観察では大事になります。屈伸の時にふらついたり、平均台で失敗しても、続けてやるようにしましょう。前向きに行動しているかどうかがポイントです。

【おすすめ問題集】
新運動テスト問題集、Ｊｒ・ウォッチャー28「運動」

問題9　分野：行動観察

〈解 答〉　省略

あやとりをしたことがあるお子さまが減ってきています。どの指でどのひもを取るのか見定めること、指も短くひもが外れやすいことなどを加味すると、初めてあやとりをする、という状態では難しい問題と言えるでしょう。また、左右で異なるグー、チョキ、パーを作る問題は、記憶力や人の話をしっかりと聴く力も必要になります。慌てると違ったものを作ってしてしまうこともありますので、パニックになったときの対応策を日頃から考えておくとよいでしょう。このような問題は出来不出来を重視するのではなく、挑戦することへの意識や前向きな行動が重視されていると思われます。

【おすすめ問題集】
Ｊｒ・ウォッチャー29「行動観察」、ゆびさきトレーニング①・②・③

問題10　分野：行動観察

〈解 答〉　省略

例年出題されている、集団遊びの問題です。「うちの子には協調性がある」と思っている保護者の方も、油断しないようにしてください。試験の場では緊張のあまり、ふだん通りの気遣いができなくなるかもしれません。ルールを理解する能力があり、他人とのコミュニケーション能力に問題がない、と判断されるような行動というと少し難しいように感じますが、たいていのお子さまは自然にそういった行動を取れるものです。お子さまにアドバイスする際は「ふだん通りに」の一言で充分でしょう。

【おすすめ問題集】

Ｊｒ・ウォッチャー29「行動観察」

問題11　分野：行動観察

〈解 答〉　省略

先生の指示をしっかり聞けているか、という点が見られています。難しい内容はありませんが、お子さまがグループで行動する、知らないお友だちと積極的に関わる、などといったことが苦手なら、そういう機会を作り、予行演習をしておいた方がよいでしょう。協調性が観点ですから、その点を意識して行動するようにしてください。目立つ必要はありません。スタンドプレーはしないようにしてください。指示を理解していない、ほかの志願者の迷惑になる行動をする、ほかの志願者とコミュニケーションがとれない、などといったことがないように日頃から気をつけておきましょう。

【おすすめ問題集】

Ｊｒ・ウォッチャー29「行動観察」

問題12　分野：図形（模倣・積み木）

〈解答〉　省略

ここ数年間出題が続いている、積み木をお手本通りに積み上げる問題です。積み木を積み上げる際、どこから手を付けていいかがわからなくなるお子さまが見られますが、落ち着いて下から積み上げていけば自然と同じ形を作ることが出来るでしょう。数を数える練習にもなりますので、積み木で遊ぶ際に何個の積み木を使ったか数えさせたり、一段一段数を数えたりという基礎的な観点を身に付けておく必要があります。

【おすすめ問題集】

Ｊｒ・ウォッチャー10「四方からの観察」、16「積み木」
53「四方からの観察　積み木編」

問題13　分野：数量（数を分ける）

〈解答〉　女の子の箱から積み木を５個取り出し、男の子の箱に移す。

積み木を動かして数を整える問題です。小学校受験の基本として、10以下の数を把握することができるか、という点を重視している傾向が見られます。具体的に言うと、指折り数えることなくいくつのものがあるかがわかったり、リンゴが５つ描いてある絵とリンゴが４つ描いてある絵を見比べて、どちらが多いかがひと目でわかるということです。特別な訓練が必要なものではなく日常生活で自然と身に付く感覚ですが、入学前にその程度の感覚を身に付けておいてほしいということでこの問題が出題されているとも考えられます。

【おすすめ問題集】

Ｊｒ・ウォッチャー14「数える」、16「積み木」、38「たし算・ひき算１」
39「たし算・ひき算２」、43「数のやりとり」

問題14　分野：推理（系列）

〈解答〉　柿のカード

類題を解き系列についての理解度が高い状態で問題に向き合えると、すんなりと正答を選ぶことが出来ると思います。系列において、お約束を見つける練習を最優先で行いましょう。日常生活でも、例えば柄物の模様などは絵柄が規則的に並んでいる、ということを学ぶことができます。何事にも関心を持ち、知識としての学習だけではなく体験としての学習を進められるように、日常生活においても家族全員で興味関心を持っていろいろな視点を持てるように生活をしましょう。

【おすすめ問題集】

Ｊｒ・ウォッチャー６「系列」

問題15　分野：言語（お話づくり）

〈解答〉　省略

その場で絵を見てお話を膨らませる問題ですが、数年間「うさぎがニンジンを食べている」絵が出題されています。面白いお話をする必要はなく、はっきりと自分の言葉で、自分の考えたお話を伝えることが出来れば問題ないでしょう。とはいえ、本年度も同じ絵が出題されるとは限らないので、さまざまなイラストを見せてお話を考えさせる練習を繰り返すとよいでしょう。また、お子さまが試験当日に緊張してしまい何も思いつかない、ということもあると思います。慌てて言葉が出ない、ということがないように、簡単なイラストからお話を膨らませる練習をしておきましょう。

【おすすめ問題集】

新口頭試問・個別テスト問題集、Ｊｒ・ウォッチャー21「お話作り」

問題16　分野：常識（生活）

〈解答〉　省略

ものの名前を正しく言うように、日頃から指導しているでしょうか。ペーパーでのテストであれば、ひらがなで正しく書いたり選択したりすれば問題なく解答が出来ますが、当校では口頭試問の形式を採用しています。お子さま独特の話し方・ものの言い表し方などがあるとは思いますが、ものの名前に関してはしっかりと正しく、はっきりと発声するように指導しましょう。ご家庭内でも、指示語を使うのではなく、ものの名前をあえて使って会話をする、などを心掛けておくとよいでしょう。

【おすすめ問題集】

新口頭試問・個別テスト問題集

Ｊｒ・ウォッチャー11「いろいろな仲間」、18「いろいろな言葉」、27「理科」、55「理科②」

問題17　分野：運動・行動観察

〈解答〉　省略

例年、運動の課題は、先生がお手本を見せた後に、お子さまが実際に行うという形式で行われます。難しいものではないので、指示を理解してその通りに行えば悪い評価は受けないはずです。運動の上手下手はそれほど評価されません。年齢なりの動きができれば、それで充分でしょう。運動や行動観察は、入学してからのシュミレーションのようなもので、お子さまが授業に対応できるかという観点で行われています。繰り返しになりますが、できた・できないということはあまり重要ではないということを保護者の方も理解しておきましょう。

【おすすめ問題集】
新運動テスト問題集、Ｊｒ・ウォッチャー28「運動」

問題18　分野：行動観察

〈解答〉　省略

公園や幼稚園内で、お子さまがどのように遊んでいるかご存知でしょうか。行動観察は、小学校に進学してからどの程度集団行動ができるのか、という点を重視して採点されています。先生のお話を聞き、協力して年齢相応の行動をする、という一連の流れを、日頃からできているのかご家族の方が知るのは難しいことかもしれません。外遊びの機会を増やしたり、日頃のお子さまの様子を幼稚園・保育園に確認したり、さまざまな方法で日頃のお子さまの様子を確認し、しっかり集団行動ができるように指導をするとよいでしょう。

【おすすめ問題集】
Ｊｒ・ウォッチャー29「行動観察」

問題19　分野：行動観察

〈解答〉　省略

フルーツバスケットなどの大人数で行う遊びは、他人と仲良くできるかどうか、他人を気遣ってあげられるかどうか、という点も採点対象の一部となります。年齢相応の対応ができていれば問題はないのですが、実際に緊張している状況でどれだけ落ち着いて行動ができるか、という点がポイントとなるでしょう。お子さまが日頃どのように生活しているのか、どのようにコミュニケーションを取っているのかという点も含めて、改めて確認しておくとよいでしょう。

【おすすめ問題集】
Ｊｒ・ウォッチャー29「行動観察」

問題20　分野：お話の記憶

〈解答〉　省略

先生のお話を聴く際の態度や様子はどうでしょう。お子さまが突然飽きて変な方向を見始めたり、遊んでしまったりしてはいないでしょうか。お話の記憶は、聴く力だけではなく、聴く際の集中力が充分にあるか、という点も含めて採点対象となっています。過去問題集を解く際や、積み木を積む際など、集中力が必要な場面において、保護者の方から何か助言などをして途切れさせていないでしょうか。お子さまの集中力は自然と培われるものです。お子さまが何か集中して作業をしている際などは、少し離れた視点から温かく見守ってください。

【おすすめ問題集】
1話5分の読み聞かせお話集①②、お話の記憶 初級編・中級編・上級編、
Ｊｒ・ウォッチャー19「お話の記憶」

問題21　分野：図形（四方からの観察・積み木）

〈解答〉　省略

問題集や幼児教室では、「縦・横・高さがそれぞれ２個ずつの、計８個の積み木でできた立方体に、積み木を加えて（取り除いて）手本と同じ形する」という解答方法をすすめられると思います。こういった解き方がすすめられるのは、幼児期にはまだ立体をイメージするだけの空間認識力が発達していないからです。「基本となる形（積み木）からの差し引きだけで答えられる」ように工夫する、言い換えれば、単なる積み木の足し引きに変えてしまおう、というのがこの解答方法です。この考え方を教えても、「この積み木をこちらに移動して、次に…」といった手順が思い浮かばないというお子さまは、積み木を並べることそのものに慣れていないのでしょう。まずは積み木に触れること、あえて作るものを決めずに積み木で遊ぶことから始めてみてください。

【おすすめ問題集】
Ｊｒ・ウォッチャー10「四方からの観察」、16「積み木」、
53「四方からの観察　積み木編」

問題22　分野：図形（四方からの観察）

〈解答〉　左端

鏡像は左右が反転するということを知っているか、という点を確かめる問題です。左右の認識が出来ているか、という点は前提となりますので、「右手・左手」のような簡単なものから確認していきましょう。女の子の立ち位置から見ると、前から見た場合と鏡像のような関係になります。

また、本問では枝の分岐数と分岐方向が左右判別の対象となっています。細かい点とはなりますが、絵を見て間違い探しをするような感覚で「どこの部分が違うんだろう？」という視点を持てるように指導するとよいでしょう。

【おすすめ問題集】

Ｊｒ・ウォッチャー８「対称」、48「鏡図形」

問題23　分野：常識（生活）

〈解答〉　省略

試験のためにというわけではありませんが、ものの名前を覚える時に、生きものであれば生息地や餌とするもの、野菜なら旬など、その特徴と関連付けて覚えるようにしておくと、体系的に知識・言葉を覚えることになり、効率のよい学習となります。当校に限らず、小学校受験における常識分野の問題は、日常生活で学ぶ知識から出題されます。わざわざ遠くまで出かける必要はありません。日常生活で効率のよい学習を心がけましょう。

【おすすめ問題集】

新口頭試問・個別テスト問題集

Ｊｒ・ウォッチャー11「いろいろな仲間」、18「いろいろな言葉」、
27「理科」、55「理科②」

問題24　分野：行動観察

〈解 答〉　省略

練習するほど難しい内容はありませんが、お子さまがグループで行動する、知らないお友だちと積極的に関わるといったことが苦手なら、予行演習をしておいた方が無難です。当たり前の話ですが、入試ではお子さまの性格は配慮されません。また、グループでの行動観察は協調性が観点ですから、ルールを理解し、息をあわせて行わないとうまくいかない本問のような課題（ゲーム）がよく見られます。ただし、積極性を見せようとしてほかの志願者に指示したりする必要はありません。また、むりやり声を出さなくても、表情や動作に他人を思いやる気持ちが表れていれば、悪い評価は受けないでしょう。ここでは負けた人が勝った人からカードをもらう、という問題でしたが、逆の指示をするなどの方法で、指示を注意深く聞く練習にも活用できます。

【おすすめ問題集】

Ｊｒ・ウォッチャー29「行動観察」

問題25　分野：言語（お話づくり）

〈解 答〉　●→■→▲→★→▼

お話の順番を考える問題は、それぞれのカードの絵が、何をしているところかを考えることがポイントです。絵をよく見ると、登場人物の表情や、描かれているもの、出来事など、ヒントになるものが隠れています。これらをよく見比べて、お話の順番を考えていきましょう。こうした問題に取り組むには、それぞれの絵がどのようなシーンなのかを判断する理解力と、お話を作る想像力が必要です。日頃の読み聞かせにおいて、お話の途中や最後で質問を投げかけて、お子さまのお話に対する理解を深めていきましょう。１つの流れに沿ったお話を作ることが課題ですので、カードの順番が解答例の通りである必要はありません。

【おすすめ問題集】

Ｊｒ・ウォッチャー21「お話作り」

問題26　分野：図形（四方からの観察）

〈解答〉　右

ものを別の角度から見ると見え方が変わるということは、お子さまにも理解できると思います。しかし、絵に描かれたものを横や後ろから見た時どう見えるかは、立体をイメージする力がないと、想像するのは難しいでしょう。まずは積み木やブロックなどの実物を使い、立体に慣れ親しむところから始めてください。ペーパーの問題に取り組む時は、はじめのうちは形が簡単なものを使うとよいでしょう。サイコロのように、見る角度によって模様が変わるものも、違いがはっきりとわかるので練習に向いています。慣れてきたら、見る方向によって形が変わるような、複雑な図形を使った問題に取り組むとよいでしょう。

【おすすめ問題集】

Ｊｒ・ウォッチャー８「対称」、48「鏡図形」

問題27　分野：運動・行動観察

〈解答〉　省略

お子さまは平均台を見たことがあるでしょうか。初めてみる運動器械に対して、すぐに使いこなせるお子さまは少ないと思います。特にバランス感覚を求められる平均台・バランスボール・フラフープなどは、事前に体験しておくことが大事です。公営の運動場や体育館などで、一度遊んでみることで、お子さまがどの程度遊べるのか、どの程度運動に慣れているかを体感することが出来るでしょう。くれぐれも怪我をしないように、無理をしない程度に注意して遊ぶように気をつけてください。

【おすすめ問題集】

新運動テスト問題集、Ｊｒ・ウォッチャー28「運動」

問題28　分野：運動・行動観察

〈解答〉　省略

何をすればよいのかイメージしながら指示を聴くことが大切です。また、出された課題で何をすればよいかという点に気を取られていると、両足を揃えること、腕を回す回数が決まっていることなどの、細かい指示を忘れがちですので、注意が必要です。練習として、少ない指示、簡単な指示から始めましょう。集中力をつけるために、指示を１度しか出さないような練習をすると、お子さまも指示をしっかり聞こうとするので有効です。

【おすすめ問題集】

新運動テスト問題集、Ｊｒ・ウォッチャー28「運動」

問題29　分野：図形（模倣・積み木）

〈解答〉　真ん中

実際の試験では、出題者が積み木を使って実際にお手本を示し、同じように積むという形式だったようです。本問では「見本と同じように積む」という指示ですが、それ以外にも、決まった個数の中で自由に積み木を組み合わせて、できるだけ多くの形を作るなど、さまざまな条件で練習問題に取り組みましょう。また、面や角を合わせて隙間なくていねいに積むなど、仕上がりにも気を配れるとなおよいでしょう。

【おすすめ問題集】
Ｊｒ・ウォッチャー10「四方からの観察」、16「積み木」、
53「四方からの観察　積み木編」

問題30　分野：運動・行動観察

〈解答〉　真ん中

出題されるのは基礎的な運動なので、年齢相応の体力はしっかりと身に付けておきましょう。実際の試験では、運動をしている時に楽しくなってしまい、指示されていない行動をとってしまったり、運動に熱中しすぎてしまうお子さまが大勢いらっしゃるようです。お子さまがそうならないだけでなく、ほかのお子さまにつられていっしょにふざけてしまったり、乱暴にならないように、日頃から落ち着いて行動するように教えましょう。

【おすすめ問題集】
新運動テスト問題集、Ｊｒ・ウォッチャー28「運動」

問題31　分野：面接（幼児面接）

〈解答〉　真ん中

考えさせるような質問はありませんから、質問にきちんと答えられるよう、会話の練習をしておきましょう。面接での質問に答えられるということは、単に返事ができるということだけでなく、相手の目を見て、内容が伝わるようにはっきり話せるということです。答える時も、単語を言うだけではなく「６歳です」「電車で来ました」と、最後まで話せるように心がけてください。日頃からしっかりと会話をする練習をしておきましょう。

【おすすめ問題集】
新 小学校受験の入試面接Ｑ＆Ａ、面接テスト問題集

問題32　分野：お話の記憶

〈解答〉　①左端（マスク）、右から２番目（ハンカチ）　②左端（シーソー）
③左から２番目（水筒）　④右から２番目（ゲーム）

問題33　分野：お話の記憶

〈解答〉　①バス　②ダイコン　③左端　④ブランコ

問題34　分野：推理（系列）

〈解答〉　サル

問題35　分野：推理（系列）

〈解答〉　①左下（サンドイッチ）　②左上（モモ）　③左下（ニンジン）
④左（スプーン）　⑤真ん中

問題36　分野：推理（四方からの観察）・図形（回転図形）

〈解答〉　右端

問題37　分野：推理（系列、四方からの観察、位置の移動）

〈解答〉　下図参照

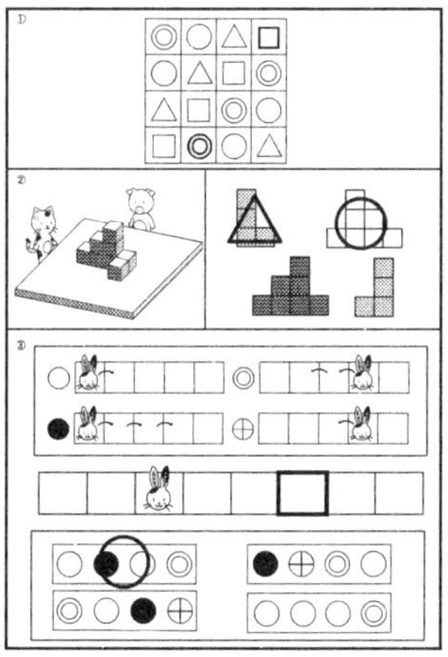

問題38　分野：図形（四方からの観察）

〈解答〉　右から２番目

問題39　分野：複合（常識、迷路、四方からの観察）

〈解 答〉　①②下記参照

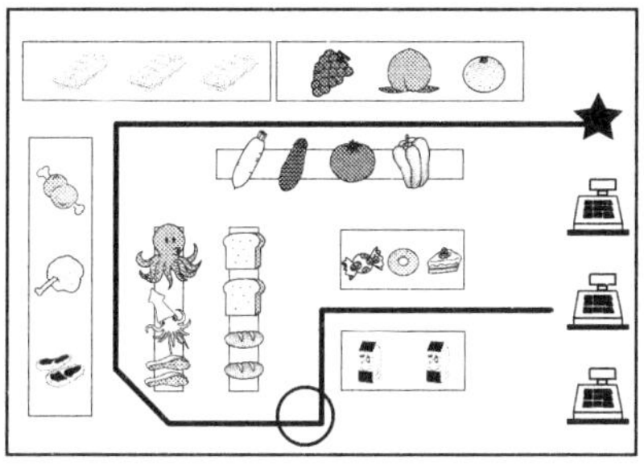

問題40　分野：図形（四方からの観察・積み木）

〈解 答〉　①右端　②右から２番目

岡山大学教育学部附属小学校　専用注文書

年　　月　　日

合格のための問題集ベスト・セレクション

＊入試頻出分野ベスト３

1st　推　理

聞く力　観察力　思考力

2nd　言　語

語彙力

3rd　記　憶

集中力　聞く力

数年間ほとんど同じ問題が出題されています。ミスをしないことを前提として、それ以外の部分でアピールできるかに結果が左右されます。過去問は何度も繰り返し解いてください。

分野	書　名	価格(税込)	注文	分野	書　名	価格(税込)	注文
推理	Ｊｒ・ウォッチャー６「系列」	1,650円	冊	観察	Ｊｒ・ウォッチャー29「行動観察」	1,650円	冊
図形	Ｊｒ・ウォッチャー８「対称」	1,650円	冊	数量	Ｊｒ・ウォッチャー38「たし算・ひき算１」	1,650円	冊
図形	Ｊｒ・ウォッチャー10「四方からの観察」	1,650円	冊	数量	Ｊｒ・ウォッチャー39「たし算・ひき算２」	1,650円	冊
常識	Ｊｒ・ウォッチャー11「いろいろな仲間」	1,650円	冊	図形	Ｊｒ・ウォッチャー48「鏡図形」	1,650円	冊
常識	Ｊｒ・ウォッチャー13「時間の流れ」	1,650円	冊	言語	Ｊｒ・ウォッチャー49「しりとり」	1,650円	冊
数量	Ｊｒ・ウォッチャー14「数える」	1,650円	冊	図形	Ｊｒ・ウォッチャー53「四方からの観察　積み木編」	1,650円	冊
数量	Ｊｒ・ウォッチャー16「積み木」	1,650円	冊	知識	Ｊｒ・ウォッチャー55「理科②」	1,650円	冊
言語	Ｊｒ・ウォッチャー17「言葉の音遊び」	1,650円	冊		口頭試問最強マニュアル　ペーパーレス編	2,200円	冊
言語	Ｊｒ・ウォッチャー18「いろいろな言葉」	1,650円	冊		新口頭試問・個別テスト問題集	2,750円	冊
言語	Ｊｒ・ウォッチャー20「見る記憶・聴く記憶」	1,650円	冊		新ノンペーパーテスト問題集	2,860円	冊
言語	Ｊｒ・ウォッチャー21「お話作り」	1,650円	冊		１話５分の読み聞かせお話集①・②	1,980円	各　冊
巧緻性	Ｊｒ・ウォッチャー25「生活巧緻性」	1,650円	冊		新小学校受験の入試面接Ｑ＆Ａ	2,860円	冊
知識	Ｊｒ・ウォッチャー27「理科」	1,650円	冊		新小学校受験 願書アンケート作文 文例集500	2,860円	冊
運動	Ｊｒ・ウォッチャー28「運動」	1,650円	冊		小学校受験で知っておくべき125のこと	2,860円	冊

合計	冊	円

（フリガナ） 氏　名	電　話 ＦＡＸ E-mail
住所　〒　　　－	以前にご注文されたことはございますか。 有　・　無

★お近くの書店、または記載の電話・FAX・ホームページにてご注文をお受けしております。
電話：03-5261-8951　FAX：03-5261-8953　代金は書籍合計金額＋送料がかかります。
※なお、落丁・乱丁以外の理由による商品の返品・交換には応じかねます。

★ご記入頂いた個人に関する情報は、当社にて厳重に管理致します。なお、ご購入の商品発送の他に、当社発行の書籍案内、書籍に関する調査に使用させて頂く場合がございますので、予めご了承ください。

日本学習図書株式会社
http://www.nichigaku.jp

図書カード 1000 円分プレゼント

ご記入日 令和　　年　　月　　日

☆国・私立小学校受験アンケート☆

※可能な範囲でご記入下さい。選択肢は○で囲んで下さい。

〈小学校名〉＿＿＿＿＿＿＿＿＿＿＿＿　〈お子さまの性別〉男・女　〈誕生月〉＿＿月

〈その他の受験校〉（複数回答可）＿＿＿＿＿＿＿＿＿＿＿＿＿＿＿＿＿＿＿＿

〈受験日〉①：＿＿月＿＿日〈時間〉＿＿時＿＿分 ～ ＿＿時＿＿分

②：＿＿月＿＿日〈時間〉＿＿時＿＿分 ～ ＿＿時＿＿分

〈受験者数〉男女計＿＿名（男子＿＿名　女子＿＿名）

〈お子さまの服装〉＿＿＿＿＿＿＿＿＿＿＿＿＿＿＿＿

〈入試全体の流れ〉（記入例）準備体操→行動観察→ペーパーテスト

＿＿＿＿＿＿＿＿＿＿＿＿＿＿＿＿＿＿＿＿＿＿＿＿

Eメールによる情報提供

日本学習図書では、Eメールでも入試情報を募集しております。
下記のアドレスに、アンケートの内容をご入力の上、メールをお送り下さい。

ojuken@nichigaku.jp

●行動観察　（例）好きなおもちゃで遊ぶ・グループで協力するゲームなど

〈実施日〉＿＿月＿＿日〈時間〉＿＿時＿＿分 ～ ＿＿時＿＿分〈着替え〉□有 □無

〈出題方法〉□肉声 □録音 □その他（　　　　　　）〈お手本〉□有 □無

〈試験形態〉□個別 □集団（　　　人程度）　〈会場図〉

〈内容〉

□自由遊び

＿＿＿＿＿＿＿＿＿＿＿＿＿＿＿＿＿＿＿＿

□グループ活動

＿＿＿＿＿＿＿＿＿＿＿＿＿＿＿＿＿＿＿＿

□その他

＿＿＿＿＿＿＿＿＿＿＿＿＿＿＿＿＿＿＿＿

●運動テスト（有・無）　（例）跳び箱・チームでの競争など

〈実施日〉＿＿月＿＿日〈時間〉＿＿時＿＿分 ～ ＿＿時＿＿分〈着替え〉□有 □無

〈出題方法〉□肉声 □録音 □その他（　　　　　　）〈お手本〉□有 □無

〈試験形態〉□個別 □集団（　　　人程度）　〈会場図〉

〈内容〉

□サーキット運動

□走り □跳び箱 □平均台 □ゴム跳び

□マット運動 □ボール運動 □なわ跳び

□クマ歩き

□グループ活動＿＿＿＿＿＿＿＿＿＿＿＿＿＿＿＿

□その他＿＿＿＿＿＿＿＿＿＿＿＿＿＿＿＿＿＿

●知能テスト・口頭試問

〈実施日〉＿＿月＿＿日〈時間〉＿＿時＿＿分 ～ ＿＿時＿＿分〈お手本〉□有 □無

〈出題方法〉 □肉声 □録音 □その他（　　　　）〈問題数〉＿＿枚 ＿＿問

分野	方法	内　容	詳 細・イ ラ ス ト
（例） お話の記憶	☑筆記 □口頭	動物たちが待ち合わせをする話	（あらすじ） 動物たちが待ち合わせをした。最初にウサギさんが来た。次にイヌくんが、その次にネコさんが来た。最後にタヌキくんが来た。 （問題・イラスト） ３番目に来た動物は誰か 
お話の記憶	□筆記 □口頭		（あらすじ） （問題・イラスト）
図形	□筆記 □口頭		
言語	□筆記 □口頭		
常識	□筆記 □口頭		
数量	□筆記 □口頭		
推理	□筆記 □口頭		
その他	□筆記 □口頭		

●制作　（例）ぬり絵・お絵かき・工作遊びなど

〈実施日〉＿＿月＿＿日　**〈時間〉**＿＿時＿＿分　～　＿＿時＿＿分

〈出題方法〉　□肉声　□録音　□その他（　　　　　　）　**〈お手本〉**□有　□無

〈試験形態〉　□個別　□集団（　　　　人程度）

材料・道具	制作内容
□ハサミ □のり（□つぼ　□液体　□スティック） □セロハンテープ □鉛筆　□クレヨン（　色） □クーピーペン（　色） □サインペン（　色）□ □画用紙（□ A4　□ B4　□ A3 　　□その他：　　　　　） □折り紙　□新聞紙　□粘土 □その他（　　　　　　）	□切る　□貼る　□塗る　□ちぎる　□結ぶ　□描く　□その他（　　　　　　） タイトル：＿＿＿＿＿＿＿＿＿＿

●面接

〈実施日〉＿＿月＿＿日　**〈時間〉**＿＿時＿＿分　～　＿＿時＿＿分　**〈面接担当者〉**＿＿＿名

〈試験形態〉□志願者のみ（　　）名　□保護者のみ　□親子同時　□親子別々

〈質問内容〉　　　　※試験会場の様子をご記入下さい。

□志望動機　□お子さまの様子

□家庭の教育方針

□志望校についての知識・理解

□その他（　　　　　　　　　　　）

（　詳　細　）

・

・

・

・

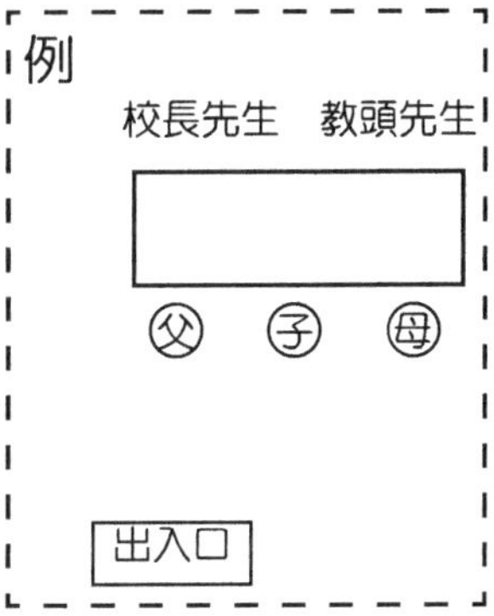

●保護者作文・アンケートの提出（有・無）

〈提出日〉　□面接直前　□出願時　□志願者考査中　□その他（　　　　　　　　　）

〈下書き〉　□有　□無

〈アンケート内容〉

（記入例）当校を志望した理由はなんですか（150 字）

●説明会（□有　□無）〈開催日〉　　月　　日〈時間〉　　時　　分　～　　時　　分

〈上履き〉　□要　□不要〈願書配布〉　□有　□無〈校舎見学〉　□有　□無

〈ご感想〉

●参加された学校行事（複数回答可）

公開授業〈開催日〉　　月　　日〈時間〉　　時　　分　～　　時　　分

運動会など〈開催日〉　　月　　日〈時間〉　　時　　分　～　　時　　分

学習発表会・音楽会など〈開催日〉　　月　　日〈時間〉　　時　　分　～　　時　　分

〈ご感想〉

※是非参加したほうがよいと感じた行事について

●受験を終えてのご感想、今後受験される方へのアドバイス

※対策学習（重点的に学習しておいた方がよい分野）、当日準備しておいたほうがよい物など

＊＊＊＊＊＊＊＊＊＊＊＊　ご記入ありがとうございました　＊＊＊＊＊＊＊＊＊＊＊＊

必要事項をご記入の上、ポストにご投函ください。

なお、本アンケートの送付期限は入試終了後３ヶ月とさせていただきます。また、入試に関する情報の記入量が当社の基準に満たない場合、謝礼の送付ができないことがございます。あらかじめご了承ください。

ご住所：〒

お名前：　　　　　　　　　　　　メール：

ＴＥＬ：　　　　　　　　　　　　ＦＡＸ：

アンケートのご記入
ありがとうございました

ご記入頂いた個人に関する情報は、当社にて厳重に管理致します。弊社の個人情報取り扱いに関する詳細は、www.nichigaku.jp/policy.php の「個人情報の取り扱い」をご覧下さい。

分野別 小学入試練習帳 ジュニアウォッチャー

1．点・線図形	小学校入試で出題頻度の高い『点・線図形』の模写を、難易度の低いものから段階別に幅広く練習することができるように構成。
2．座標	図形の位置模写という作業を、難易度の低いものから段階別に練習できるように構成。
3．パズル	様々なパズルの問題を難易度の低いものから段階別に練習できるように構成。
4．同図形探し	小学校入試で出題頻度の高い、同図形選びの問題を繰り返し練習できるように構成。
5．回転・展開	図形などを回転、または展開したとき、形がどのように変化するかを学習し、理解を深められるように構成。
6．系列	数、図形などの様々な系列問題を、難易度の低いものから段階別に練習できるように構成。
7．迷路	迷路の問題を繰り返し練習できるように構成。
8．対称	対称に関する問題を４つのテーマに分類し、各テーマごとに問題を段階別に練習できるように構成。
9．合成	図形の合成に関する問題を、難易度の低いものから段階別に練習できるように構成。
10．四方からの観察	もの（立体）を様々な角度から見て、どのように見えるかを推理する問題を段階別に整理し、１つの形式で複数の問題を練習できるように構成。
11．いろいろな仲間	ものや動物、植物の共通点を見つけ、分類していく問題を中心に構成。
12．日常生活	日常生活における様々な問題を６つのテーマに分類し、各テーマごとに一つの問題形式で複数の問題を練習できるように構成。
13．時間の流れ	『時間』に着目し、様々なものごとは、時間が経過するとどのように変化するのかということを学習し、理解できるように構成。
14．数える	様々なものを『数える』ことから、数の多少の判定やかけ算、わり算の基礎までを練習できるように構成。
15．比較	比較に関する問題を５つのテーマ（数、高さ、長さ、量、重さ）に分類し、各テーマごとに問題を段階別に練習できるように構成。
16．積み木	数える対象を積み木に限定した問題集。
17．言葉の音遊び	言葉の音に関する問題を５つのテーマに分類し、各テーマごとに問題を段階別に練習できるように構成。
18．いろいろな言葉	表現力をより豊かにするいろいろな言葉として、擬態語や擬声語、同音異義語、反意語、数詞を取り上げた問題集。
19．お話の記憶	お話を聴いてその内容を記憶、理解し、設問に答える形式の問題集。
20．見る記憶・聴く記憶	「見て憶える」「聴いて憶える」という『記憶』分野に特化した問題集。
21．お話作り	いくつかの絵を元にしてお話を作る練習をして、想像力を養うことができるように構成。
22．想像画	描かれてある形や景色に好きな絵を描くことにより、想像力を養うことができるように構成。
23．切る・貼る・塗る	小学校入試で出題頻度の高い、はさみやのりなどを用いた巧緻性の問題を繰り返し練習できるように構成。
24・絵画	小学校入試で出題頻度の高い、お絵かきやぬり絵などクレヨンやクーピーペンを用いた巧緻性の問題を繰り返し練習できるように構成。
25．生活巧緻性	小学校入試で出題頻度の高い日常生活の様々な場面における巧緻性の問題集。
26．文字・数字	ひらがなの清音、濁音、拗音、拗長音、促音と１～20までの数字に焦点を絞り、練習できるように構成。
27．理科	小学校入試で出題頻度が高くなりつつある理科の問題を集めた問題集。
28．運動	出題頻度の高い運動問題を種目別に分けて構成。
29．行動観察	項目ごとに問題提起をし、「このような時はどうか、あるいはどう対処するのか」の観点から問いかける形式の問題集。
30．生活習慣	学校から家庭に提起された問題と思って、一問一問絵を見ながら話し合い、考える形式の問題集。

31．推理思考	数、量、言語、常識（含理科、一般）など、諸々のジャンルから問題を構成し、近年の小学校入試問題傾向に沿って構成。
32．ブラックボックス	箱や筒の中を通ると、どのようなお約束でどのように変化するかを推理・思考する問題集。
33．シーソー	重さの違うものをシーソーに乗せた時どちらに傾くのか、またどうすればシーソーは釣り合うのかを思考する基礎的な問題集。
34．季節	様々な行事や植物などを季節別に分類できるように知識をつける問題集。
35．重ね図形	小学校入試で頻繁に出題されている「図形を重ね合わせてできる形」についての問題を集めました。
36．同数発見	様々な物を数え「同じ数」を発見し、数の多少の判断や数の認識の基礎を学べるように構成した問題集。
37．選んで数える	数の学習の基本となる、いろいろなものの数を正しく数える学習を行う問題集。
38．たし算・ひき算1	数字を使わず、たし算とひき算の基礎を身につけるための問題集。
39．たし算・ひき算2	数字を使わず、たし算とひき算の基礎を身につけるための問題集。
40．数を分ける	数を等しく分ける問題です。等しく分けたときに余りが出るものもあります。
41．数の構成	ある数がどのような数で構成されているか学んでいきます。
42．一対多の対応	一対一の対応から、一対多の対応まで、かけ算の考え方の基礎学習を行います。
43．数のやりとり	あげたり、もらったり、数の変化をしっかりと学びます。
44．見えない数	指定された条件から数を導き出します。
45．図形分割	図形の分割に関する問題集。パズルや合成の分野にも通じる様々な問題を集めました。
46．回転図形	「回転図形」に関する問題集。やさしい問題から始め、いくつかの代表的なパターンから、段階を踏んで学習できるよう編集されています。
47．座標の移動	「マス目の指示通りに移動する問題」と「指示された数だけ移動する問題」を収録。
48．鏡図形	鏡で左右反転させた時の見え方を考えます。平面図形から立体図形、文字、絵まで。
49．しりとり	すべての学習の基礎となる「言葉」を学ぶこと、特に「語彙」を増やすことに重点をおき、さまざまなタイプの「しりとり」問題を集めました。
50．観覧車	観覧車やメリーゴーラウンドなどを舞台にした「回転系列」の問題集。「推理思考」分野の問題ですが、要素として「図形」や「数量」も含みます。
51．運筆①	鉛筆の持ち方を学び、点線なぞり、お手本を見ながらの模写で、線を引く練習をします。
52．運筆②	運筆①からさらに発展し、「欠所補完」や「迷路」などを楽しみながら、より複雑な鉛筆運びを習得することを目指します。
53．四方からの観察 積み木編	積み木を使用した「四方からの観察」に関する問題を練習できるように構成。
54．図形の構成	見本の図形がどのような部分によって形づくられているかを考えます。
55．理科②	理科的知識に関する問題を集中して練習する「常識」分野の問題集。
56．マナーとルール	道路や駅、公共の場でのマナー、安全や衛生に関する常識を学べるように構成。
57．置き換え	さまざまな具体的・抽象的事象を記号で表す「置き換え」の問題を扱います。
58．比較②	長さ・高さ・体積・数などを数学的な知識を使わず、論理的に推測する「比較」の問題を練習できるように構成。
59．欠所補完	線と線のつながり、欠けた絵に当てはまるものなどを求める「欠所補完」に取り組める問題集です。
60．言葉の音（おん）	しりとり、決まった順番の音をつなげるなど、「言葉の音」に関する問題に取り組める練習問題集です。

『読み聞かせ』×『質問』＝『聞く力』

お話の記憶の練習に最適

1話5分の 読み聞かせお話集①②

「アラビアン・ナイト」「アンデルセン童話」「イソップ寓話」「グリム童話」、日本や各国の民話、昔話、偉人伝の中から、教育的な物語や、過去に小学校入試でも出題された有名なお話を中心に掲載。お話ごとに、内容に関連したお子さまへの質問も掲載しています。「読み聞かせ」を通して、お子さまの『聞く力』を伸ばすことを目指します。

①巻・②巻　各48話

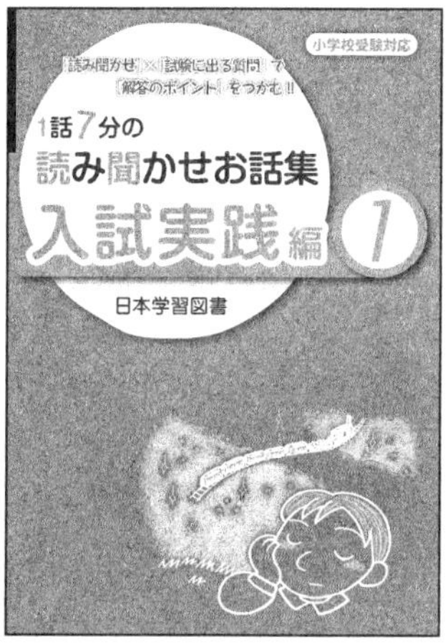

1話7分の読み聞かせお話集 入試実践編①

国立・私立小学校受験対応

最長1,700文字の長文のお話を掲載。有名でない＝「聞いたことのない」お話を聞くことで、『集中力』のアップを目指します。設問も、実際の試験を意識した設問としています。ペーパーテスト実施校の多くが「お話の記憶」の問題を出題します。毎日の「読み聞かせ」と「試験に出る質問」で、「解答のポイント」をつかんで臨みましょう！

50話収録

ニチガクの この5冊で受験準備も万全！

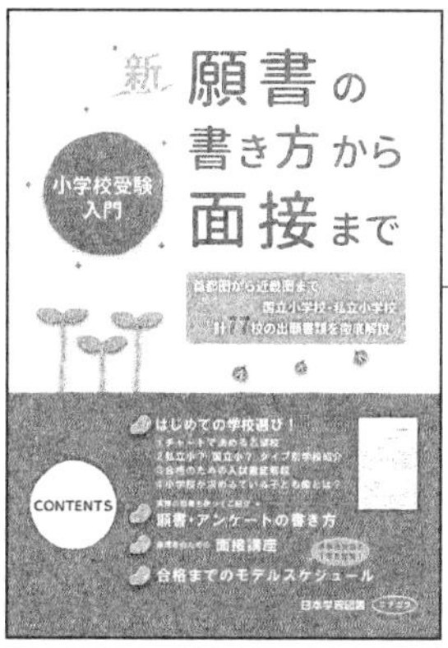

小学校受験入門 願書の書き方から面接まで リニューアル版

主要私立・国立小学校の願書・面接内容を中心に、学校選びや入試の分野傾向、服装コーディネート、持ち物リストなども網羅し、受験準備全体をサポートします。

小学校受験で 知っておくべき 125のこと

小学校受験の基本から怪しい「ウワサ」まで、保護者の方々からの125の質問にていねいに解答。目からウロコのお受験本。

新　小学校受験の 入試面接Q＆A リニューアル版

過去十数年に遡り、面接での質問内容を網羅。小学校別、父親・母親・志願者別、さらに学校のこと・志望動機・お子さまについてなど分野ごとに模範解答例やアドバイスを掲載。

新　願書・アンケート 文例集500 リニューアル版

有名私立小、難関国立小の願書やアンケートに記入するための適切な文例を、質問の項目別に収録。合格を掴むためのヒントが満載！願書を書く前に、ぜひ一度お読みください。

小学校受験に関する 保護者の悩みQ＆A

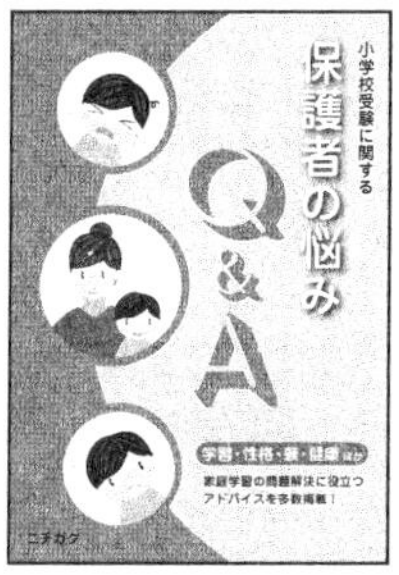

保護者の方約1,000人に、学習・生活・躾に関する悩みや問題を取材。その中から厳選した200例以上の悩みに、「ふだんの生活」と「入試直前」のアドバイス2本立てで悩みを解決。

日本学習図書株式会社

家庭学習をトータルサポート！ ニチガクのオリジナル 効果的 学習法

1 まずは アドバイスページを読む！

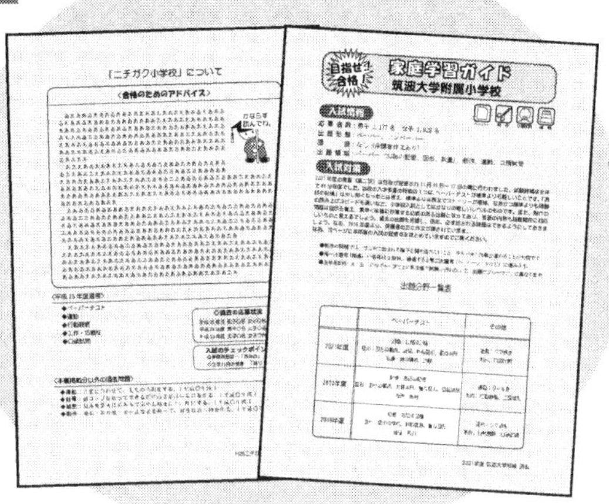

ピンク色です

対策や試験ポイントがぎっしりつまった「家庭学習ガイド」。分野アイコンで、試験の傾向をおさえよう！

2 問題をすべて読み、出題傾向を把握する

3 「学習のポイント」で学校側の観点や問題の解説を熟読

4 はじめて過去問題にチャレンジ！

5 プラスα 対策問題集や類題で力を付ける

過去問のこだわり

最新問題は問題ページ、イラストページ、解答・解説ページが独立しており、お子さまにすぐに取り掛かっていただける作りになっています。
ニチガクの学校別問題集ならではの、学習法を含めたアドバイスを利用して効率のよい家庭学習を進めてください。

各問題のジャンル

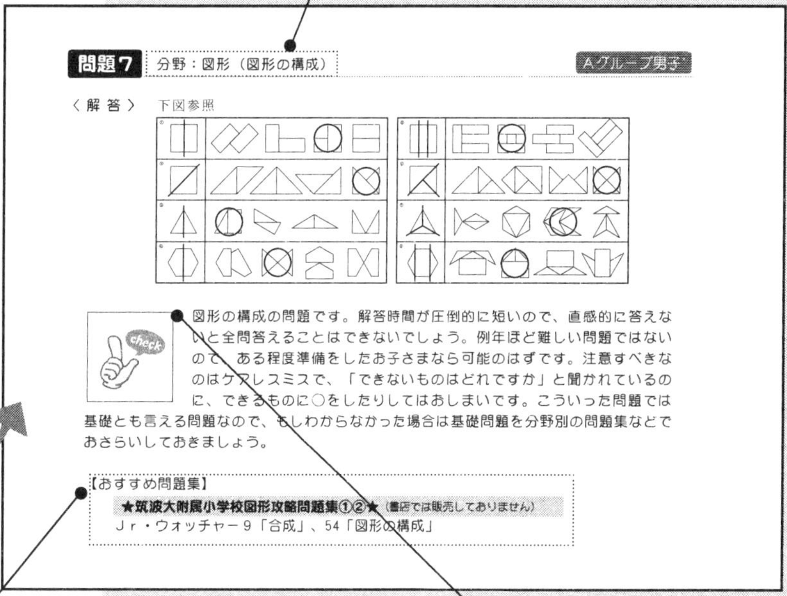

問題7 分野：図形（図形の構成） Aグループ男子

〈解答〉 下図参照

図形の構成の問題です。解答時間が圧倒的に短いので、直感的に答えないと全問答えることはできないでしょう。例年ほど難しい問題ではないので、ある程度準備をしたお子さまなら可能のはずです。注意すべきなのはケアレスミスで、「できないものはどれですか」と聞かれているのに、できるものに○をしたりしてはおしまいです。こういった問題では基礎とも言える問題なので、もしわからなかった場合は基礎問題を分野別の問題集などでおさらいしておきましょう。

【おすすめ問題集】
★筑波大附属小学校図形攻略問題集①②★（書店では販売しておりません）
Jr・ウォッチャー9「合成」、54「図形の構成」

学習のポイント

各問題の解説や学校の観点、指導のポイントなどを教えます。
今日から保護者の方が家庭学習の先生に！

おすすめ対策問題集

分野ごとに対策問題集をご紹介。苦手分野の克服に最適です！
＊専用注文書付き。

2023年度版
岡山大学教育学部附属小学校　過去問題集

発行日　2022年10月14日
発行所　〒162-0821　東京都新宿区津久戸町 3-11
TH1ビル飯田橋9F　日本学習図書株式会社
電　話　03-5261-8951 ㈹